Margit Steiner

2012

hat gestern begonnen

Selbsteinweihungen für den Aufstieg

Bitte fordern Sie unser kostenloses Verlagsverzeichnis an:

Smaragd Verlag
In der Steubach 1
57614 Woldert (Ww.)
Tel.: 02684.978808
Fax: 02684.978805
E-Mail: info@smaragd-verlag.de
www.smaragd-verlag.de

Oder besuchen Sie uns im Internet unter der obigen
Adresse.

© Smaragd Verlag, 57614 Woldert (Ww.)
Deutsche Erstausgabe Juni 2009
Cover: preData
Satz: preData
Printed in Czech Republic
ISBN 978-3-938489-90-1

Margit Steiner

2012

hat gestern begonnen

Selbsteinweihungen für den Aufstieg

Smaragd Verlag

Über die Autorin

 Margit Steiner channelt und schreibt seit einigen Jahren für die Geistige Welt.

Ihre Bücher, „Arbeit mit den Aufgestiegenen Meistern I und II", „Meisterarbeit aus Lemurien" (wozu 2007 eine CD erschienen ist) und die gechannelten Bilder des Kalenders „Mit den Aufgestiegenen Meistern durchs Jahr" (alle im Smaragd Verlag erschienen) sind Ausdruck ihrer Arbeit im Energiebereich.

Ihr Buch „Lady Nada – Entdecken der inneren Heilkraft, Rituale für den Alltag", erschienen 2008 im Smaragd Verlag, hat sie vor allem für die Frauen geschrieben.

Sie gibt Seminare und Einweihungen und ist bestrebt, die Menschen bei der Integration der Lichtarbeit ins tägliche Leben zu unterstützen.

Im „normalen Leben", ihrem Anker der Lichtarbeit, leitet sie eine kleine, reformpädagogisch orientierte Schule.

Die Unterstützung und Begleitung unserer Lichtkinderseelen ist eines ihrer Hauptanliegen.

Sie ist bestrebt, einfache Übungsanleitungen zu gestalten, unterstützt durch die Geistige Welt erreicht sie damit viele LichtarbeiterInnen.

Die Energie aus der Lichtarbeit fließt direkt in die tägliche Arbeit ein, was ihr hilft, Familie, Beruf und Berufung unter einen Hut zu bringen.

Widmung

*Für uns Menschen, die wir bewusst und unbewusst
unsere Seelenentwicklung unterstützen.
Jede Seele hat ihre Aufgabe dabei übernommen.
Und jede Seele lebt den freien Willen.*

Inhalt

Vorwort

Wir befinden uns mitten im Aufstiegsprozess.

Die Prognosen, die schon vor Jahren für 2012 getroffen wurden, haben nur bedingt Gültigkeit. Das mag zum einen an unserer intensiven Energiearbeit und der daraus resultierenden Schwingungserhöhung zu tun haben, zum anderen aber sicher mit der Bestimmtheit, mit der viele von uns Ziele, Veränderungen und Lösungsprozesse unterstützen.

Bereits am 20.02.2008 durfte ich in einem Newsletter auf diese Tatsache aufmerksam machen.
Ich gebe einen Teil in diesem Vorwort wieder.
Zu dieser Zeit arbeitete ich sehr intensiv mit der Christusenergie.

Auszug aus dem Newsletter vom 20.02.2008
(www.emotional-healing.at):

Liebe Freunde!
Heute schreibe ich euch aus einem ganz bestimmten Grund.
Der Vollmond (mit der Mondfinsternis) heute Nacht ist energetisch sehr intensiv.
Es beginnt eine besondere Woche, acht Tage lang bis zum 28.02.2008.

Viele von euch haben schon in den letzten Tagen sehr starke Energieveränderungen wahrgenommen.

In den folgenden acht Tagen werden sich viele Dinge von uns verabschieden, aber das geschieht in der Form, die ihr selbst dafür wählt.

Das kann ganz liebevoll und harmonisch geschehen, wenn ihr das so wollt.

Es ist der Beginn einer sehr intensiven Bewusstseinsanhebung.

Du erfährst ganz klar, was du mit deiner Energie, deinen Wünschen und Handlungen erreichen kannst.

Ich habe schon lange das Gefühl, dass 2012 so direkt vor der Tür steht.

Seit heute habe ich das Gefühl, dass ein Teil davon schon am 28.02.2008 seinen Anfang nimmt.

Ich freue mich sehr, diese Durchsagen mit euch teilen zu dürfen.

In den letzten Wochen und Monaten habe ich sehr intensiv im irdischen Leben gelebt.

Zuerst habe ich (nach meinen Krebsoperationen) versucht, mich durch Arbeit körperlich klar zu spüren, um damit zu zeigen, dass ich intensiv lebe.

Dann habe ich ein Studium begonnen und die Vision einer „Neuen Schule" gefunden.

Teile davon durfte ich umsetzen, aber ich spürte auch klar meine Grenzen. Materie und irdisches Leben haben mir diese Grenzen gezogen.

Diesen „Kampf", den ich da führte, habe ich beendet...

Diese Kämpfe oder Möglichkeiten, sich zu befreien, beeinflussen unsere energetischen Wahrnehmungen. Die Hilfen, die die geistige Ebene uns dabei bietet, sehen wir oft nur schwer. Jeder von uns hat in jedem Augenblick seines Lebens die Möglichkeit, Engel, Meister, Energien um Unterstützung zu bitten. In den Momenten, in denen es uns aber gerade nicht so toll geht, haben wir meistens nicht die Geduld oder „den Nerv", das zu tun.

Für diese Situationen habe ich dieses Buch geschrieben. Die Übungen sind gechannelt von Meistern und geistigen Wesenheiten. Durch die Prozesse der Selbsteinweihungen schaffen wir den Energieraum, den wir für unseren Aufstieg benötigen.

Körperliche, geistige und seelische Entwicklungen werden dadurch unterstützt.

Und was mir am meisten daran gefällt ist, dass du selbst alleine an dir und für dich arbeiten kannst. Immer und überall!

Ich wünsche dir viele schöne Erfahrungen,
Margit Steiner

Arbeit mit diesem Buch

Dieses Buch ist ein Arbeitsbuch, das dir helfen kann (wenn du es willst und zulässt), deinen Aufstieg zu unterstützen. Die Art und Weise wird dir am Anfang etwas einfach erscheinen. Vielleicht hast du auch das Gefühl, ob es wohl wirkt, so leicht und mühelos, wie die Übungen aussehen. Aber wer sagt denn, dass der Aufstieg, unsere Transformation, eine schwierige, langwierige, nur mit viel Zeitaufwand zu erreichende Übung ist?

Wenn du schon eins meiner Bücher gelesen hast, weißt du, dass ich es gerne mit Lady Nada halte, die sagt, dass es eine unserer Hauptaufgaben ist, unser Leben in Leichtigkeit und Freude zu genießen. In diesem Buch wirst du immer wieder Hinweise bekommen, die dir dieses vor Augen führen. Auch auf die Gefahr hin, dass ich mich dabei wiederhole: Ich finde, man kann es nicht oft genug sagen.

In den folgenden Kapiteln gebe ich dir Übungen und Channelings bekannter und noch unbekannter Meister der Geistigen Welt weiter.

In der Überschrift findest du bereits Hinweise, die die Arbeitsweisen unterstützen.

Denke aber immer daran: An dir arbeiten kannst nur **DU** selbst.

Sicher hilft es manchmal, jemanden um Unterstützung zu bitten, aber das kann immer nur ein Anstoß sein. Tun muss man es dann alleine.

Darum findest du für jede Arbeit eine kurze Anleitung, Einstimmung oder auch Einweihung. Du bekommst damit die Werkzeuge selbst in die Hand.

Du bist verantwortlich für deinen Aufstieg. Nimm das Werkzeug und die Verantwortung an und begib dich damit auf deinen Weg.

Du kannst dir ja gar nicht vorstellen (oder doch?), wie die geistige Ebene auf deinen Start wartet.

Erst einmal losgegangen, bist du deinem Ziel (dem Lichtpunkt, aus dem du gestartet bist) eine Stück näher gekommen.

Einen kleinen Tipp möchte ich dir noch mit auf den Weg geben:
Leg dir ein Fahrtenbuch an!

Ich schreibe, wenn ich eine neue Arbeit beginne, immer so eine Art Tagebuch. Es kann ja sein, dass du einmal eine Pause einlegst, weil in deinem Leben etwas zu dir kommt, was dich kurz ablenkt oder auch kurzzeitig auf eine neue Spur bringt. (Das ist mir im Jahr 2007 durch eine Krebserkrankung so geschehen.) Du kannst dann nach jeder beliebigen Zeit wieder einsteigen und deinen Weg weitergehen.

Ich bin sehr dankbar, dir diese Arbeiten vermitteln zu dürfen. Dadurch erhält jeder, der sie ausführt, ein Stück Selbstverantwortung in die Hand.

Durch die Weitergabe in Buchform werden sie einer großen Anzahl von Menschen zugängig, die sich teure Seminare und Einweihung nur schwer „leisten" können.

Auch darüber freue ich mich sehr.

Lord Melchizedek
Gelebte Spiritualität

Melchizedek ist eine geistige Wesenheit, die sehr intensiv mit den Erdengeln zusammenarbeitet. Seine Inkarnation als Priester und König zugleich kommt im „Jetzt" immer mehr zum Tragen. Darum ist seine Energie im Moment so stark spürbar.

Spiritualität und Materie zu vereinen ist eine unserer Hauptaufgaben. In den letzten Jahren und Jahrzehnten haben sich immer öfter spirituelle Lehrer oder Meister gezeigt. Ich meine das genau so, wie ich es geschrieben habe: „gezeigt". Daher kommt wohl auch der Glaube, dass nur Meister und Lehrer uns einweihen können. Man sagt, sie sind „weiter", können sich tiefer in sich selbst versenken...

Spirituelle Lehrer sind Menschen wie du und ich. Gerade diese Lebensweise zeichnet sie aus. Kein Wesen (Energiewesen) würde sich über ein anderes erheben. Den Platz, den sie in den kosmischen Hierarchien einnehmen, haben sie auf Grund ihrer Inkarnationen und „Zuständigkeiten". Wir stellen uns diese Systeme immer als aufbauende Konstrukte vor. Wer höher oben steht, hat mehr Erfahrungen gemacht, wer mehr erfahren hat, weiß mehr. Merkst du, was da läuft?
Bewertungen!

Die geistige Ebene ist frei von Bewerten und Beurteilen. Kannst du dir vorstellen, dass Gott zu dir sagt, er sei besser, weiter, reiner als du?

Eben...

Das „Leben" außer den irdischen Inkarnationen findet ohne Zeit und Raum statt. Oft schwierig für uns vorzustellen durch unser zeitgesteuertes Denken. Also ist es auch klar, dass es kein „Weiter" oder „nicht so weit" gibt, weil alle gleich weit sind, in verschiedenen Dimensionen und ihren verschiedenen Seelenaufträgen entsprechend.

Lord Melchizedek hat schon damals in seiner Inkarnation als Priester und König die geistige und weltliche „Macht" in einer Person vereint. Er hat uns gezeigt, dass man Glauben, Spiritualität und Energiearbeit (so sagen wir heute dazu) in Einklang bringen kann.

Manche von euch werden die Wesak-Zeremonie kennen. Zum Zeitpunkt des Vollmonds im Stier findet sie im Himalajagebiet statt. Jesus, der Christus, und Buddha sind dabei der Erde energetisch am nächsten, und die göttliche Weisheit und die göttliche Liebe werden dabei direkt an die Menschen übergeben.

Viele Menschen auf der ganzen Welten nehmen jährlich an diesem Fest teil. Es finden ganz spontane Einweihungen statt, und Durchsagen aus der Geistigen Welt sind offen für jeden, der darum bittet.

Ich feiere dieses Fest jedes Jahr mit einer kleinen Gruppe von Interessierten. Wir verbinden uns dabei mit den Meistern und Wesenheiten aus den geistigen Ebenen und lassen die Energien auf die gesamte Menschheit, die Erde und die Wesenheit übergehen. So verstärkt, erreichen die Liebe und die Weisheit alles, was erreicht werden kann.

Im Jahr 2007 bekam ich kurz vor dem Wesakfest eine neue Durchsage, siehe das das Channeling von Lord Melchizedek auf der nächsten Seite.

Für dieses Jahr hatte ich kein Seminar ausgeschrieben, weil es zeitlich nicht gut passte. Nach dem Channeling wusste ich auch warum. Eine neue Energie hatte sich angekündigt, und Wesak ist für jeden erreichbar.

Lies dir das Channeling durch, stell dir den Zeitpunkt des Vollmonds im Stier vor, und schon kannst du in die Energie eintauchen und diese wundervolle Arbeit jederzeit ausführen.

Wesak – Channeling

Ich, Lord Melchizedek, grüße euch heute besonders liebevoll.

Ich komme in eure Zeit und eure Gegenwart, um euch mit der Energie der Einheit zu verbinden.

Lange Zeit habe ich aus der geistigen Ebene im Hintergrund gewirkt.

Eure Arbeiten und Bestrebungen, euren Weg ins Licht voranzutreiben, haben mich dazu gebracht, wieder direkt in Kontakt mit euch zu treten.

Meine Lehren und Fähigkeiten wurden über Generationen an einige wenige von euch weitergegeben.

Jetzt ist die Zeit der Vervollkommnung eures Schaffens.

Die Vereinigung von Geist und Materie wird geschehen.

Alte, an Materie anhaftende Energien werden transformiert.

Schattenseiten werden sich integrieren.
Hatten sie doch nur die Aufgabe, diese Wege für eure und auch unsere Entwicklung zu bereiten.

Erdet euch, so oft es euch möglich ist. Nicht nur für euch, auch die Energien von Mutter Erde werden damit geöffnet.

Eine Vereinigung aller Wesenheiten wird dadurch ermöglicht.

Der Wechsel von Lady Gaia in die Fünfte Dimension wird abgeschlossen, die Wesenheit von Lady Khyrija öffnet sich immer mehr für uns und die Materie.

Lady Khyrija ist eine aufgestiegene Wesenheit aus Lady Gaia. So, wie mein Freund Maitreya aus Sananda hervorgegangen ist.

Verstärkt werden die Energien der Materie sich euch zeigen.

Materie ist ein Teil der Einheit. Dort, wo ihr im Moment inkarniert seid, genau dort wirkt ihr mit der größtmöglichen Energie.

Der Plan unserer gemeinsamen Einheit ist VOLLKOMMEN.

Am Beginn eures Inkarnationszyklus habt ihr schon den Ausgang festgelegt.

Jede Sequenz erfüllt sich nach eurem Willen.

Immer öfter spürt ihr, wie ein Rad ins andere greift und euch genau dort hinbringt, wo ihr zu wirken bestimmt habt.

Geistige Energie wird sich mit der materiellen Energie paaren und den Weg in die Einheit bereiten.

Ruft mich, Lord Melchizedek, ich werde in nächster Zeit immer präsenter unter euch wirken. Ich löse meine Versprechen ein.

Schon einmal habe ich als Priester und König beide Seiten der Energie dargestellt, und jetzt werde ich es wieder tun.

Eine Unterstützung für euch, Spiritualität ins Leben, ins tägliche Leben, zu bringen.

Verbinde dich mit dem Zeitpunkt der Wesak-Zeremonie sowie mit mir, Buddha und dem Christus.

Lass unsere Energien in deinem Ausmaß langsam in dich fließen und spüre deine Reinigung und Verstärkung.

Lass diese Energien dann in der Folge auf alles und jeden übergehen, den du erreichen kannst.

Eine Gemeinschaftsenergie wird entstehen und das gesamte Bewusstsein anheben.

Du kannst jederzeit in diese Energie zurückgehen. Das ist auch Teil meines Geschenks an euch.

Wer diese Übung vollzieht, legt die Energie in sein Bewusstsein und ist jederzeit fähig, sie überall einzusetzen und weiterzugeben.

Du brauchst niemanden, der dich einweiht.
Du selbst bist dein Meister.
Ein klares JA genügt als Ausgleich.
Somit kann Wesak immer und überall stattfinden.

Aus dem Herzen der Einheit,
Melchizedek

Genieße diese besonderen Energien und lass sie zu einem Teil deines täglichen Lebens werden. Es ist nicht notwendig, die ganze Meditation ständig dazu auszuführen.

Ich habe für mich eine eigene Technik entwickelt, die sicher von ganz vielen anderen Menschen ähnlich praktiziert wird. Ich verwende kurze, immer gleiche Affirmationen oder Handbewegungen, die ich an Energiearbeiten binde. Wesentlich dabei ist, dass ich meinem Körper erkläre, was diese „Abkürzungen" bedeuten.

Hat mein Körper dieses einmal verstanden, werden die Energien nur durch Handbewegungen abgerufen, es entsteht dabei mein eigenes kleines Ritual, das ich während jeder Tätigkeit im Alltag einsetzen kann. Natürlich muss ich mir Zeit nehmen, das Ritual in mir „anzulegen". So habe ich Handbewegungen, die es mir ermöglichen, jederzeit mein Energiedepot aufzufüllen, wenn ich mal wieder meine Energie verschenkt habe. Das mache ich gerne, besonders in der Schule, weil unsere Kinder diese Unterstützung brauchen und genau aus diesem Grund zu uns kommen. Ich lege dann meine Hand kurz auf meinen Solarplexus, was so viel heißt wie: „Bitte, lieber Gott, fülle mein Energiedepot wieder auf. Danke."

Oder das Reiben meiner Handflächen aneinander dient der Reinigung und der Transformation der Energien, die durch meine Berührungen frei geworden sind.

Ich verwende auch kurze Programmierungen, die ich von Zeit zu Zeit verstärke.

Meine Türschwelle zu meinem Seminarraum zum Beispiel hat so eine Funktion.

Jeder Mensch, der meinen Seminarraum verlässt, also über diese Türschwelle steigt, ist energetisch frei von mir. Er muss nicht zu einer weiteren Sitzung oder einem neuen Seminar kommen. Wenn er wiederkommt, dann, weil er es möchte und nicht, weil die Verbindung noch aufrecht ist.

Diese Verbindungen werden alleine durch eine gemeinsame Arbeit hergestellt. Du kennst das vielleicht auch aus deinen Begegnungen, wenn du der Meinung bist, deine Arbeit mit einem bestimmten Menschen wäre beendet, aber trotzdem das Gefühl hast, immer wieder dorthin gehen zu müssen. Dann ist die energetische Verbindung nicht getrennt.

Diese Trennung kannst du auch selbst vornehmen (siehe dazu: „Karmabereinigung – Karmische Trennungen" aus Lady Nada – Aktivierung der inneren Heilkraft, erschienen im Smaragd Verlag).

Die Energiearbeit ins tägliche Leben zu bringen ist eine Grundaufgabe dieses Buches.

Du wirst in jedem Kapitel zu jeder Übung eine kurze

Idee finden, wie du die Arbeit in den Alltag einfließen lassen kannst.

So werden Aufstieg und Transformation zu einer Selbstverständlichkeit für jeden und erfüllen ihren eigentlichen Zweck: „**Eine leichte Übung**", die Spaß macht.

Master St. Germain
Befreiung der karmischen Verbindungen

Master St. Germain war einer der ersten Meister, mit denen ich in Kontakt kam. Immer wieder begleitet er mich ein Stück meines Weges.

Mit dem Geschenk der Violetten Flamme hat er schon viele von uns bei karmischen Trennungen unterstützt. Ich selbst hülle bei Trennungsritualen, die ich mit Klienten mache, immer alles in dieses wundervoll transformierende Feuer ein.

Die Flamme schießt gleichsam von selbst aus der Erde und verbrennt alles, was wir damit einhüllen, wandelt es um in Liebe und stellt uns diese neue Energie wieder zur Verfügung.

In den letzten Monaten habe ich eine ganz feine Anhebung der Transformationsenergien wahrgenommen. Während eines Shambala MDH[*)]-Seminars bekam ich von St. Germain eine sehr schöne Energieeinweihung für mich und die Seminargruppe.

Ich wollte eine Reinigungsübung für die Chakren an-

[*)] Shambala MDH: Shambala Multidimensionales Heilverfahren; arbeitet mit Usui Reiki und den Energien der Aufgestiegenen Meister sowie der Christus- und Mahatmaenergie

leiten, eine Ausdehnung dieser Reinigung ins Universum und auch in den Erdmittelpunkt.

Als wir gerade in die Entspannung gingen, kam ich in Kontakt zu St. Germain. Ich höre seine Anwesenheit immer, bevor ich ihn energetisch wahrnehme, er schlägt die Trommel in meinem Seminarraum. Also wusste ich, dass er unsere Übung begleiten wollte.

Aus dieser Meditation wurde eine sehr einfühlsame Einweihung, die du mit folgender Anleitung selbst vollziehen kannst. Das heißt, bitte einfach Master St. Germain um seine Energieunterstützung und Begleitung und führe die folgende Meditation durch.

☆☆

Mache es dir bequem.

Lege oder setze dich an einen für dich angenehmen Platz, schließe die Augen und atme einige Male tief durch.

Atme langsam in deinen Körper, deine Organe entspannen sich völlig.

Nimm Kontakt auf zu deinem Herzschlag und atme im Rhythmus deines Herzens.

Einige Herzschläge lang ein, einige Herzschläge lang aus.

Ganz langsam.

Visualisiere jetzt eine rote Energiekugel in deinem Wurzelchakra.

Atme in diese Energiekugel.

Fühle dich hinein.

Hebe die Energiekugel mit deinem Atem langsam ins Sakralchakra.

Schau dir deine Kugel dabei genau an.
Verändert sich die Farbe oder die Größe?
Jede Farbe und jede Größe ist in Ordnung.
Lass es einfach geschehen.

Dein Atem trägt die Energiekugel jetzt in den Solarplexus.

Halte wieder kurz inne, um die Veränderung wahrzunehmen.

Langsam steigt deine Kugel in dein Herzchakra.

Lege deine Hände auf dein Herzchakra und fühle deinen Herzschlag.

Deine Kugel geht weiter in dein Thymuschakra.

Deine Energiekugel steigt jetzt ins Halschakra.
Deine Kugel schwebt ins Stirnchakra.
Du spürst ein Pochen in deinem Dritten Auge und nimmst deine Umgebung wahr.

Trage deine Energiekugel jetzt in dein Kronenchakra.

Du spürst die physische Grenze deines Körpers ganz deutlich und kannst sie jetzt mit deiner Energie öffnen, um deine Energiekugel langsam aus deinem Körper nach oben schweben zu lassen.

Schaue dir an, welche Farbe sie in der Zwischenzeit bekommen hat.

Atme ganz bewusst hinein und lass sie dabei immer größer werden.

Ganz behutsam dehnt sie sich aus und lässt dabei einen wundervollen Energieplatz im Inneren entstehen.

Gehe in das Innere deiner Energiekugel und schaue dich um.

Nimm alles wahr, was sich dir zeigt.
Lass die Energien in deinen Körper fließen.

Du findest jetzt einen wunderschönen Stein im Mittelpunkt deiner Kugel.

Gehe auf diesen Stein zu.
Schaue dir seine Beschaffenheit und seine Farbe an.
Lege deine Hände darauf und spüre seine Energie.
Nimm dich selbst als Wesen wahr und visualisiere deine Chakrensäule vom Mittelpunkt der Erde bis ins Universum.

Vereinige jetzt mit einigen tiefen Atemzügen deine Chakren zu einer Lichtsäule.

Deine Lichtsäule geht durch deine Kugel durch, und du kannst deine Verbindung zur Erde und zum Kosmos spüren und sehen.

Bleibe einige Augenblicke in dieser Energie.

Spüre jetzt, wie Master St. Germain langsam von hinten seine Hände auf deine Schultern legt.

Fühle seine Energie, die in deinen Körper fließt, sich in deinem Herzchakra sammelt und sich von dort aus in deine Lichtsäule verteilt.

Nimm jetzt wieder deine Hände auf deinem Stein wahr.

Dein Stein wird durchsichtig für dich, und du kannst dich im Inneren erkennen.
In alten Situationen.
Vielleicht auch in vergangenen Inkarnationen.

Karma entsteht, und Karma wird abgebaut.
Deine Leben und Erfahrungen laufen in deinem Stein vor dir ab.
Du brauchst überhaupt nichts dabei zu tun.
Bewerte dich nicht, nimm dich an, wie du bist.
Verurteile dich nicht, sondern suche deinen göttlichen Funken, den du immer bei dir hattest und hast.

Alle deine Erfahrungen haben dich an den Platz gebracht, an dem du heute stehst.

Durch die Energieübertragung von St. Germain hast du die Fähigkeit, dein Karma selbst zu transformieren.

Du kannst dich selbst erlösen und freisprechen.
Lass deine Energie in deine Bilder fließen.
Spüre, wie kraftvoll du dabei bist.

St. Germain löst sanft seine Hände von deinen Schultern und stellt sich dir gegenüber, damit du ihm in die Augen sehen kannst.

Schaue jetzt ganz tief in seine Augen und finde dich dort selbst wieder.

Bleibe einige Augenblicke in dem Bewusstsein, ein Teil seiner Augen zu sein.

Vielleicht gibt es ein Wort, ein Bild, ein Symbol oder eine Botschaft für dich.
Nimm an, was du siehst.
Glaube, was du siehst.
Präge dir diese Augen ein.
Genieße diese Energie.

Deine Einweihung ist damit abgeschlossen.

Bedanke und verabschiede dich von Master St. Germain.

Nimm langsam deine Hände von deinem Stein und gehe aus deiner Energiekugel heraus.

Deine Lichtsäule stellt immer noch deine Verbindung zu Erde und Universum dar.

Spüre, wie du auf deiner Unterlage sitzt oder liegst.

Die Kugel über deinem Kronenchakra beginnt langsam wieder kleiner zu werden.

Sie sinkt jetzt sehr behutsam in dein Kronenchakra,
dein Stirnchakra,
dein Halschakra,

dein Thymuschakra,
dein Herzchakra.

Lege hier wieder deine Hände auf dein Herzchakra und spüre deinen Herzschlag.
Hat sich etwas verändert?
Nimm es einfach wahr.

Deine Energiekugel sinkt weiter in deinen Solarplexus, dein Sakralchakra und schließlich zurück in dein Wurzelchakra.

Du kommst langsam wieder in deinem Körper an.

Du spürst dich wieder fest verankert auf deiner Unterlage.

Atme einige Male kräftig durch, dehne deinen gesamten Köper und öffne dann deine Augen.

Diese sehr kraftvolle Einweihung in die Transformationsenergie von Master St. Germain gibt dir ein Werkzeug in die Hand, das du immer bei dir trägst. Ganz gleich, wie du diese Energie abrufst. Du hast damit die Fähigkeit für unmittelbare Transformation karmischer Verbindungen erlangt.

Viele Menschen haben das Gefühl, dass die Aufgabe sehr schwierig ist.

Ich sage dir: Diese Übung ist leicht.

Natürlich kann es sein, dass du an Erlebnisse und Erfahrungen kommst, die schmerzhaft waren. Dann versuche dich durch Kraftverstärkung selbst zu unterstützen. Die Liebe heilt diese Wunden. Gib dir selbst Liebe. Liebe dich selbst, erkenne dich an und stärke damit deine Arbeit und dich.

Sei stolz auf dich, wenn du dich solchen Situationen stellst. Und glaube an dich, glaube, dass du es schaffst.

Eine liebe Freundin hat mir vor kurzem gesagt, dass sie ihre Kinder, bevor diese in die Schule gehen, immer mit einer Affirmation unterstützt.

Sie sagen immer gemeinsam: **„Alles, was wir wirklich wollen, schaffen wir auch!"**

Diese Affirmation zeigt dir recht gut, dass deine Arbeit nur erfolgreich sein kann.

...und dann gibt es noch die Erfahrungen vergangener Inkarnationen, die du nicht so nett von dir selbst finden wirst. Inkarnationen, in denen du andere Menschen schlimm behandelt hast. Verurteile dich nicht. Diese Inkarnationen sind auch Teil deines Weges.

Transformiere dabei immer auch den Schmerz, der als Energie in deinem Erlebnis frei wird.

Bitte Menschen und Wesenheiten, die dabei zu Schaden gekommen sind, um Verzeihung.

Schicke ihnen Licht und Liebe genauso, wie dir selbst.

Nur wer die Dunkelheit gesehen hat, der kann auch das Licht finden.

An dieser Stelle möchte ich dir ein Feedback einer lieben Freundin weitergeben.

Ich hatte sie gebeten, die Übung mit St. Germain zu machen. Das passte sehr gut für sie, da sie gerne mit seinen Energien arbeitet.

Claudia schrieb mir nach der Übung:

Die St. Germain Selbsteinweihung ist einfach schön.
Ich habe sehr schöne und starke Energien gespürt.
Mein Körper schwebte, und ich war ganz aus Licht, bis St. Germain mir meine Brust mit einer wunderschönen roten Energie behandelte. Ich bin begeistert.
Danke für die Selbsteinweihung.

Meister Helikothor
Heilung von Körper, Geist und Seele

Meister Helikothor ist ein schamanischer Meister, den ich erst kurz vor diesem Buch kennengelernt habe.

Oft ist es bei meiner Arbeit so, dass ich Tage oder sogar Wochen immer wieder zu Wesenheiten in Kontakt komme, die ich nicht kenne.

Helikothor war so eine Wesenheit.

In meinem Seminarraum geht ein Kamin durch Wand und Raum. Ich wollte ursprünglich einen kleinen Ofen anschließen, weil ich so gerne ins Feuer schaue, das stellte ich mir für den Seminarraum toll vor. Also schleppten wir einen Ofen ins Dachgeschoß, schlossen ihn an, und ich begann zu heizen. Aber irgendwie funktionierte es nicht, weil es durch die Energiearbeit, durch meine Kerzen (ich liebe Kerzen und zünde immer eine Menge davon an, wenn ich meditiere) und durch die Seminarteilnehmer sowieso ziemlich warm wurde im Raum.

Also bauten wir den Ofen wieder ab. Das Loch im Kaminschacht verhängte ich mit einem schönen Bild von der Erde.
Dieses Bild hing zu diesem Zeitpunkt bereits über vier Jahre unverändert an dieser Stelle.

Ach ja, ich muss noch erwähnen, dass ich im Kaminschacht eine Lichtsäule installiert habe, die den Mittelpunkt einer Merkabah*) darstellt. Damit wird alles mit Energie verstärkt, was im Bereich dieser Merkabah liegt. Diese Lichtsäule ist natürlich ein schöner Platz für Wesenheiten, sich bemerkbar zu machen, weil die ja diese Energien lieben.

Es begann vor einigen Wochen, dass das Bild immer von dieser Öffnung herunterrutschte, manchmal lag es sogar am Boden. Ich machte mir weiter keine Gedanken, manchmal bin ich da ziemlich träge und gebe dem, was zu mir kommt, oft nicht gleich die Aufmerksamkeit. Bis ich bei einer Einweihung im Vorbeigehen plötzlich wusste, was da lief.

Eine Wesenheit (beziehungsweise eine neue Energie) machte sich bemerkbar und wollte Kontakt zu mir aufnehmen. Und einige Tage später wusste ich, wer diese Gestalt war.

Mitten in der Nacht wachte ich auf und sah eine wunderschöne schwarze Eule an meinem Fenster sitzen (IHRE Wesensenergie). Hinter der Eule stand eine ebenfalls schwarze Gestalt. Ich hatte sofort das Gefühl, dass es sich um ein Meisterwesen handelt.

---

*) Die Merkabah entsteht unter anderem in der Meditation von Drunvalo Melchizedek und stellt das Vehikel zum Reisen in die Energiewelt dar. Sie hat die Form einer fliegenden Untertasse und die zehnfache Körperspanne.

Es war ganz spannend, weil dieser Meister immer in der Eule verschwand und wieder aus ihr heraustrat. Das gab mir den Hinweis, dass es sich um einen schamanischen Meister handelte. Der Schamane hat ja die Fähigkeit, in sein Krafttier zu gehen.

Es war faszinierend, das alles beobachten zu dürfen. Eine sehr starke Kraft strahlte von diesem Bild aus. Ich sah mich selbst im Bett sitzen und die Szene betrachten. Ich weiß noch, dass ich mir vornahm, gleich am nächsten Tag bewusst Kontakt zu dieser Wesenheit aufzunehmen. Namen hatte ich keinen bekommen.

Es dauerte dann doch einige Tage, bis ich die Ruhe fand dazu. Mit dem Laptop auf den Knien machte ich es mir im Wintergarten gemütlich. Der Name, den ich dann auf eine kurze Anfrage bekam, war etwas ungewöhnlich. Er erschien mir etwas fremd. **Helikothor** – ich fühlte nach und nahm einfach an, was kam.

In der Meditation sah ich zuerst ein sehr warmes, grünes Licht, das über die Aura in meinen Körper floss. Ich spürte mich sehr wohl dabei und bat Helikothor um eine Anleitung für eine Übung, die ich in mir verankern wollte.

Lies dir diese Übung erst einmal in Ruhe durch.

Ich lade zu dieser Arbeit immer meine Krafttiere (Wolf und Schlange) ein. Das kannst du auch machen. Wenn du dein Totem nicht kennst, kannst du trotzdem um seine Begleitung bitten. Achte in der Übung darauf, welches Tier dir begegnet.

Auch gibt es sehr schöne Krafttierkarten, die man vor der Übung ziehen kann.

Mit den Totems ist es ähnlich wie mit den Engeln. Manche Tiere begleiten uns von Geburt an und sind immer bei uns, wie ein Schutzengel. Manchmal aber verabschiedet sich das Krafttier auch, und ein neues Tier tritt unsere Begleitung an. Wir brauchen dann eine neue Energie für die kommenden Aufgaben.

Wenn du dich mit den Energien der Krafttiere ein wenig vertraut gemacht hast, kannst du dieses Wissen bewusst einsetzen. Das heißt, du kannst ein bestimmtes Tier um Unterstützung bitten bei einer Aufgabe oder Herausforderung, in der du eine bestimmte Energie brauchst.

Ich rufe zum Beispiel immer das Gürteltier, wenn mir etwas zu nahekommt und ich eine Grenze ziehen muss. Ich sehe dieses putzige kleine Wesen dann um mich herumlaufen und einen Schutzkreis ziehen, und schon fühle ich mich wieder gut gestärkt und abgeschirmt.

Meister Helikothor wirkt besonders durch die Kraft der Eule.

Die Eule steht vor allem für die Weisheit. Eulen haben die Fähigkeit, lautlos zu fliegen, darum sind sie imstande, Dinge wahrzunehmen, die andere nicht sehen. Magie und Intuition werden ihnen zugeschrieben.

Bei mir zu Hause wohnen die Eulen direkt neben meinem Schlafzimmerfenster. Ihre Schreie sind so scharf und klar, dass ich manchmal das Gefühl habe, sie würden direkt auf meinem Kopfpolster sitzen, um mir etwas in mein Ohr zu rufen.

Als wir unser Haus bauten und das Dach fertig war, fand ich eine Eule im Haus sitzen, ein wunderschönes Tier. Ich sprach sie an, sie erhob sich ganz leise vom Dachbalken und zog eine Runde über uns (meine Mutter war dabei), bevor sie den Dachboden verließ.

Ihre Anmut und Leichtigkeit faszinierten mich sehr.

Aber nun lass uns mit der Arbeit beginnen. Wie schon erwähnt, ist es hilfreich, sich die Übung erst einmal in Ruhe durchzulesen, den Kontakt zum eigenen Krafttier herzustellen und dann erst die Meditation und Einstimmung zu machen.

Mache es dir bequem und atme einige Male tief durch.

Lass den Atem durch deinen Körper ziehen und alle Verspannungen lösen.

Fühle, wie du langsam in deine Mitte kommst.

Lege deine Hände auf deinen Solarplexus und rufe dein Krafttier.

Lade dein Totem ein, dich auf deiner Reise zu begleiten.

Dein Krafttier bringt dich zu einem Fluss, an dem schon ein Kanu für euch bereitsteht.
Steig jetzt ein.

Langsam nimmt das Kanu Fahrt auf.

Die Strömung wird immer stärker, und du genießt den Wind, der euch entgegenweht.

Ihr kommt zu einer Flussbiegung, und nach der Kurve fließt das Wasser in die Erde hinein und wird zu einem unterirdischen Fluss.

Immer tiefer dringt ihr in die Erde hinein, bis euer Kanu in einer Felsenlandschaft in einem kleinen See ankommt.

Schaue dich um und lass dich an diesem Ort von deinem Begleiter führen, wohin er dich auch bringen möchte.

Nimm dir einige Augenblicke Zeit, um anzusehen, was dir dein Krafttier zeigen wird.

An dieser Stelle hast du Zeit, so lange du möchtest, mit deinem Krafttier eine Reise zu machen.

Schaue dir alles genau an.

Du kannst an diesen Platz jederzeit zurückkehren, du brauchst dazu nur dein Krafttier zu rufen und es um Unterstützung zu bitten.

An diesem Platz kannst du deinem Totem auch Fragen stellen.

Die Antworten bekommst du nicht immer gleich, manchmal auch im Traum.

Wenn es für dich passt, dann kehre wieder in das Kanu zurück und setze deine Reise fort…

Setze dich wieder in dein Kanu.

Dein Totem bringt dich jetzt an einen wundervollen Ort, der Harmonie und Einheit ausstrahlt.

Einen Platz, der tief im Inneren der Erde liegt und doch voll Sonne und Wärme ist.

Dieser Platz beginnt, in hellem Grün zu erstrahlen, sobald du ihn betrittst.

Dieses heilende Grün zieht langsam über deine Aura in deinen Körper und durchflutet dein ganzes Wesen.

Strahlende, warme Energie löst die Verspannungen, Blockaden und Energiestaus aus deinem irdischen Körper.

Fühle in jedes deiner Organe, in jedes deiner Chakren und in jeden noch so kleinen Teil deines Körpers hinein und schicke deine Liebe für dich selbst in diese Energie, um die Heilung zu unterstützen.

Die Energie von Meister Helikothor hilft dir, diesen Prozess voranzutreiben.

Nimm dir Zeit, deinen irdischen Körper zu heilen.

Verlasse dann diesen Platz und kehre in dein Kanu zurück.

Deine Begleiter bringen dich auf demselben Weg, den du anfangs gefahren bist, wieder zurück an die Erdoberfläche.

Verlasse dort dein Kanu und kehre über deinen Solarplexus zurück in deinen Körper.

Bedanke dich bei deinen Begleitern, atme einige Male tief durch und öffne dann deine Augen.

Mache diese Meditation so oft, bis du für den nächsten Schritt bereit bist.

Die Heilung von Körper, Geist und Seele ist ein Prozess, der bei jedem Menschen eine unterschiedliche Zeitspanne in Anspruch nehmen kann. Arbeitest du viel an dir selbst, hast du schon einige Lösungen hinter dir, und so ist es leicht möglich, die gesamte Meditation in einer Übung zu machen.

Ich selbst mag es gerne, mir bei meinen Heilungen und Arbeiten Zeit zu lassen. Ich bin zwar nicht unbedingt ein Mensch, der geduldig mit sich selbst ist, aber diese Prozesse will ich sehr genau geschehen lassen. Ich habe das Gefühl, dass mir dabei mehr bewusst wird, wenn ich mir länger und, vor allem, öfter Zeit nehme dafür.

Hast du also das Gefühl, die Körperheilung funktioniert gut, lass dich auf den nächsten Schritt ein, die Heilung deines Geistes.

Als Geist bezeichne ich die bewusste Wahrnehmung, das Denken, das nicht immer erklärt werden kann, oder den Anteil der Seele, den wir steuern können. Geist ist eine bewusst abrufbare und dadurch klar einsetzbare „Größe" für mich.

Manchmal werden Geist und Seele gleichbedeutend gesetzt. Für mich ist da dieser kleine Unterschied, dass Geist bewusst handelt, also auch abwägt und natürlich auch be- und verurteilt, dadurch auch schützen und „beeinflussen" will.

Die Seele ist frei von Beurteilung und hat das gesamte Wissen von Allem-was-ist in sich. Sie ist rein und gibt uns die Informationen frei, mit denen wir auch umgehen können. Die Seele stellt unsere Verbindung zur Quelle dar und erinnert uns immer wieder an unseren eigenen göttlichen Funken, den wir immer mit und bei uns tragen.

Im nächsten Abschnitt wollen wir uns mit unserem Geist beschäftigen.

Gehe dazu wieder über deinen Solarplexus zu deinem Krafttier, lass dich in die Erde bringen, suche den Platz von Meister Helikothor auf und entspanne dich.

Nimm bewusst wahr, welche Gedanken da sind.
Lass diese Gedanken ziehen.

Beobachte sie, versuche aber nicht, sie zu beurteilen.
Versuche, dich selbst nicht für diese Gedanken zu beurteilen/verurteilen.

Gedanken sind Spuren deines Geistes.
Dein Geist versucht, über deine Gedanken Kontakt zu dir aufzunehmen.

Diese Gedanken wollen dir etwas sagen.

Nimm den nächsten Gedanken, der kommt, und schaue ihn dir bewusst an.
Was sagt er dir?
Was steht dahinter?
Wovor möchte er dich möglicherweise abhalten, beschützen, warnen?

Nimm wahr, welches Gefühl dabei in deinem Körper entsteht.

Lass die grüne Heilenergie von Helikothor in dieses Gefühl fließen und beachte,
was aus deinem Gedanken wird.
Verändert er sich?
Verschwinden die Zweifel oder Ängste?
Verstärkt sich die Zuversicht, dass alles gut wird?

Tauche mit deinen Gedanken, einem nach dem anderen, ein in die Heilenergie.

Auch diesen Teil der Meditation kannst du so oft machen, wie du möchtest.

Verlasse und beende die Übung auf dieselbe Weise wie die erste Meditation.

Wichtig dabei ist, das kann ich nicht oft genug betonen, dass du dich nach dem Ankommen erdest und ganz im Hier und Jetzt spürst.

Durch die Auseinandersetzung mit den bewussten Gedanken lernen wir, uns selbst anzunehmen, wie wir sind. Sehr oft fühlen wir uns nicht so gut, weil wir uns selbst be- und verurteilen.

Nicht andere Menschen machen uns „schlecht", sondern meistens sind wir es selbst, die wir uns nicht gut genug finden, was wir tun oder denken. Durch die Heilung der Gedanken erschaffen wir eine Einheit in uns und kommen zur Ruhe. Die Energie kommt ins Fließen, und das wiederum unterstützt die Heilung unseres Körpers.

Die Schamanen gehen davon aus, dass Krankheiten nicht körperliche Ursachen haben, sondern durch ein Energieungleichgewicht im Körper entstehen. Dieses Ungleichgewicht entsteht durch Erfahrungen und Erlebnisse, die wiederum sehr oft den Auslöser im Denken finden.

Du siehst also, die Erschaffung von Einheit braucht eine Verbindung von Körper, Geist und Seele.

Damit sind wir beim dritten Teil angelangt: der Seele.

Vielleicht fragst du dich jetzt, was an der Seele zu heilen ist, wenn sie doch Alles-was-ist in sich hat.

Nun, die Seele hat eine ganz besondere Fähigkeit, uns bei unseren Prozessen zu unterstützen. Sie kann bei Bedarf Anteile (Seelenanteile) verschenken, um dem Wesen das Überleben zu ermöglichen.

Mit Überleben meine ich aber nicht nur das physische Überleben, sondern auch den emotionalen Teil unseres Selbst.

Die Heilung der Seele bedeutet ein „Einsammeln" verlorener Seelenanteile, um die Seeleneinheit wieder herzustellen. (In meinem Buch: „Lady Nada – Aktivierung der inneren Heilkraft" bin ich darauf schon näher eingegangen.)

Bei der folgenden Ergänzung der bereits bekannten Meditation geht es nicht darum, ständig neue Anteile bewusst zurückzuholen. Setze die Technik ein, wenn du an ein Erlebnis kommst, wo du das Gefühl hast, einen Seelenanteil verloren zu haben. Beschäftige dich aber nicht ständig mit Suchen und Rückholen. Viele Anteile, die wir verloren haben, dürfen auch ohne großen „Aufwand" zu uns zurück. Oft ist es so, dass wir uns mit Menschen unterhalten, mit Klienten arbeiten, und durch das Gespräch finden wir einen Seelenanteil, weil wir dieselbe Erfahrung gemacht haben. Bist du erst einmal geübt im Rückholen, fließen die Anteile leicht in deinen Körper ein.

☆☆

Gehe deinen Weg in die Entspannung und begib dich an den Platz, wo du Meister Helikothor findest.

Schaue dich um, nimm wahr, ob sich etwas verändert hat.

Nimm dich selbst wahr an diesem Platz, der dir schon sehr vertraut ist.

Bitte dein Krafttier um Begleitung und Helikothor um seine Energieunterstützung.

Hast du ein Erlebnis bewusst in die Meditation mitgenommen, so hole dir ein Bild dieser Erfahrung direkt vor deine Augen.

Fühle in dich hinein und mache dir klar, wo in deinem Körper du dieses Erlebnis gespürt hast.

Lege deine Hände auf diese Stelle.

Helikothor unterstützt dich ebenfalls, indem er seine Energie genau hier in deinen Körper fließen lässt.

Lass deinen Körper, deinen Geist und deine Seele langsam HEIL werden durch diese Übertragung.

Nimm dir dazu einige Augenblicke Zeit.

Langsam spürst du, wie die Energie sich jetzt in deinem Körper ausdehnt. Du fühlst dich stark und selbstbewusst.

Gehe mit dieser Kraft jetzt in dein Erlebnis von damals hinein. So, wie du jetzt bist.

Du kannst diese Situation, dieses Erlebnis, nicht mehr rückgängig machen, aber du kannst deinen Seelenanteil herausholen aus dieser Erfahrung.

Stelle dich dazu direkt hinter dich, ganz gleich, wie alt du damals warst.

Auch wenn du noch so klein warst oder dich in der Gebärmutter deiner Mutter findest.

Lass jetzt aus deinem Herzen eine Lichtbrücke zum Herzen deines Kindes (oder deines Wesens) wachsen.

Atme einige Male tief in dein Herz und ziehe dein Kind oder dein Wesen in dein Herz hinein.

Das Zurückkommen des Seelenanteils kannst du auf unterschiedliche Weise spüren.

Zumeist ist es eine angenehme Wärme, die sich langsam im Körper ausbreitet. Manchmal spürt man ein Kribbeln, das durch den Körper zieht.

Hitze, Kälte, Freude, aber auch Schmerz sind genauso möglich wie Ruhe, Frieden und einfach das Wissen, dass man wieder zu Hause angekommen ist.

Je mehr Anteile man sich zurückholt, desto mehr kommt man in das Gefühl der Einheit.

Spürst du deinen Seelenanteil dann tief in dir, lass deine Liebe dazufließen, um ihn in dir zu verankern.

Sei stolz auf dich und freue dich über deine Arbeit.

Bedanke dich bei deinen Begleitern und Helfern und bitte Helikothor um Zeichen für deine Arbeit.

Ein Symbol, das dir hilft, diese Anteile aufzuspüren und leicht wieder zurückzubringen.

Es ist nicht notwendig, den Ort genau zu kennen, an dem du einen Teil abholst.

Helikothor gibt dir dieses Symbol jetzt in deine Hände.

Er legt deine Hände dann auf dein Herz und lässt das Symbol durch seine Energie aus deinen Händen in dein Herz fließen.

In deinem Herzen verankert er das Zeichen und gibt dir damit die Kraft und Stärke, deine Arbeit immer und überall auszuführen.

Bedanke dich für diese Ermächtigung.

Bleibe noch einige Augenblicke in der Energie und gehe dann deinen Weg zurück ins Bewusstsein.

☆☆

Hast du diese Übung erst einmal verinnerlicht, so kannst du ganz leicht nur mit Hilfe deines Symbols Seelenanteile in dir verankern.

Der Prozess startet mit der Bewusstmachung eines Anteils, es folgt eine kurze Atemübung für die Lichtbrücke, und dann das Ganze verankern.

So einfach kannst du jetzt völlig ausgerüstet mit allen notwendigen Instrumenten an dir und für dich arbeiten.

Lady Janadah
Die irdische Inkarnation genießen

Lady Janadah ist die Aufgestiegene Meisterin aus Lady Nada.

Sie stellt eine Verfeinerung (Anhebung) der bereits bekannten Energien der Hingabe, Freude und Liebe von Lady Nada dar.

Um das irdische Leben genießen zu können, muss man es erst einmal annehmen, wie es ist.

Du wirst dich sicher fragen, wie ich mir das vorstelle, weil wir nicht alles, was wir gerade erleben, auch gerne annehmen, und dann sollen wir es auch noch genießen.

Der wesentlichste Punkt dabei ist, dass wir uns erst einmal bewusst machen, was wir in dieser Inkarnation wirklich wollen.

Viele von uns kennen Teile ihres Seelenauftrags.
Manche kennen die ganze Aufgabe, andere wiederum haben keine Ahnung, aus welchen „tiefen" Gründen sie hier sind, was sie sich für dieses Leben vorgenommen haben.

Für unsere nächste Arbeit spielt es keine Rolle, zu welcher Gruppe du dich zählst.

Wenn du schon einmal mit Lady Nada gearbeitet hast, dann weißt du ohnehin, dass sie uns immer ermutigt, unser Leben in Freude und Liebe zu genießen. In meinem Buch[*] gibt es eine Anleitung für dieses Entdecken der Weiblichkeit mit verschiedenen Übungen und Visualisierungen.

Dieser weibliche Aspekt ist in jedem Individuum enthalten. Auch die Männer spüren das immer mehr. Unsere Inkarnation in Hingabe zu genießen, passt für alle Individuen. Und Hingabe bedeutet sehr viel, ist aber nicht gleichzusetzen mit Aufopferung. Da bin ich sehr streng mit mir und auch mit anderen. Auch wenn ich das erst lernen musste.

Opfern hilft niemandem, weder dem, der es tut, noch dem, der es annimmt.

Das Gleichgewicht, der Ausgleich, fehlt dabei. Und Menschen, die an einem Helfersyndrom leiden (die ordne ich einem Großteil der „Aufopferer" zu), ziehen den Mitmenschen damit Energie ab.

Der „Beopferte" hat keine Möglichkeit, in die Selbstverantwortung zu gehen, und wird dadurch abhängig, was ihm nicht wirklich hilft.

Nun aber zurück zum Genießen-Können.

---

[*] „Lady Nada – Aktivierung der inneren Heilkraft" (erschienen im Smaragd Verlag)

Als Erstes beschäftigen wir uns einmal mit folgenden Fragen:

- Was tut mir gut?
- Was will ich in meinem Leben?
- Was heißt, genießen zu können, und es wirklich für mich zu tun?

Setze dich in Ruhe hin und schreibe dir alle Dinge (Tätigkeiten) in deinem täglichen Leben auf, die dir wirklich Spaß machen. Unterscheide dabei aber, ob du diese alleine tun kannst, oder ob du jemanden oder etwas dazu brauchst.

Wesentlich sind die Dinge, die du ganz alleine für dich erledigen kannst. Wo du dir selbst Gutes tust.

Erledige diese Aufgabe, bevor du weiterliest.

Liste

Viele Menschen haben verlernt, sich mit sich selbst zu beschäftigen, sie laufen so geschäftig durchs Leben (das gilt für mich genauso), dass ihnen nicht auffällt, dass sie für sich selbst kaum Zeit aufwenden. Das geschieht meistens erst, wenn sie körperliche oder psychische Probleme haben. Wie schon bei Helikothor erwähnt, entstehen diese „Krankheiten" durch ein Ungleichgewicht des Energiehaushalts. Du siehst, wenn jemand nur gibt, kommt kaum Energie zurück, das heißt, Blockaden können entstehen, und wenn du diese über längere Zeit ignorierst, wird dein Körper „krank". Ich weiß, wovon ich schreibe, hatte ich doch 2007 Krebs.

Nimmt man die Krankheit dann als Anlass, das Leben zu ändern, die Ursachen zu finden und aufzulösen, dann hat man oft eine Chance, sein Leben neu zu starten.

Da ich noch lebe, habe ich es wohl geschafft, einiges aufzulösen. Mein Seelenauftrag lief nicht auf Tod durch diesen Krebs hinaus (zumindest nicht 2007/08), sonst könntest du diese Zeilen nicht lesen.

Wie aber findest du jetzt heraus, was du in deinem Leben für dich möchtest?

Zurück zu unserer Liste.

Lies dir einmal durch, was dir eingefallen ist, unterscheide dabei gleich, ob du die Dinge alleine tun kannst, oder ob du jemanden oder etwas dazu brauchst.

Streiche alle Punkte an, die du aus eigener Kraft alleine machen kannst, wo du Freude, Spaß und Bestätigung findest.

Sei nicht enttäuscht, wenn es nur wenige Punkte sind. Erinnere dich daran, was dir früher Spaß gemacht hat, und ergänze deine Aufzeichnungen.

Suche dir jetzt eine Aktivität aus, du wirst sie in der folgenden Meditation brauchen.

Richte dir deinen Meditationsplatz angenehm her. Wenn du magst, stelle Kerzen auf und zünde sie an, räuchere und schalte dir deine Lieblingsmusik (zum Meditieren) ein.

Lege oder setze dich hin.

Atme tief in deinen Körper und entspanne dich dabei völlig.
Lass deinen Atem fließen, wohin er von selbst gelangt.

Genieße die Ruhe, die durch das tiefe Atmen entsteht.

Höre auf die Musik und atme im Takt der Musik langsam aus und ein.

Tue dieses einige Minuten lang.

Höre auf deinen Herzschlag und atme mit deinem Herzschlag aus und ein, ganz langsam; du kannst für das Ein- und Ausatmen auch zwei oder drei Herzschläge verwenden.

Führe diese Übung wieder einige Minuten lang durch.

Fühle, wie die Energie durch deinen Körper strömt.

Nimm wahr, wie dein Herz sich ausdehnt und weit wird.

Atme ruhig und entspannt.

Gehe jetzt in dein Herz hinein.

Nimm mitten in deinem Herzen eine Wand aus funkelnden Kristallen wahr.

Die Wesenheit von Lady Nada steht hinter dir, tritt jetzt neben dich, nimmt dich an die Hand und geht mit dir in diese Kristallwand hinein.

Ganz leicht und mühelos werdet ihr Teil dieser Kristallenergien.

Du spürst, wie eure Energien verfeinert werden, und kannst sehen, wie Lady Nada ihr Wesen transformiert und zu einem Wesen aus Licht wird.

Lady Janadah steht nun neben dir und sieht zu, wie du dein Wesen ebenfalls transformierst.

Lass die Energien der Kristalle dazu durch deinen Körper ziehen.

Die Aktivierung deiner feinstofflichen Energie geschieht in deinem Tempo und zu deinem Besten.

Gehe nun mit deiner Begleiterin ins Innere der Kristalle.

Suche einen Platz für euch, der stimmig ist für dich.

Setzt euch dorthin und beobachtet, was um euch herum geschieht.

Links und rechts neben deinem Sitzplatz entstehen weitere Sitzmöglichkeiten.

Dabei formt sich ein Kreis.

Aufgestiegene Meister und Wesenheiten nehmen Platz, und langsam füllt sich der Raum.

In der Mitte bildet sich ein Lichtkreis, der in alle Richtungen strahlt.

Gehe mit deiner Aufmerksamkeit in dieses Licht und erinnere dich an den Punkt aus deiner Liste.

Visualisiere, was dir Freude macht.

Alles, was kommt, ist in Ordnung, auch wenn es eine andere Tätigkeit als die ausgewählte ist.

Siehe dich selbst, wie du etwas tust, was dir Freude macht.

Unterstütze dich selbst mit Energie und nimm wahr, wie sich deine Energie in der Visualisierung erhöht.

Bitte die Wesenheiten um ihre Unterstützung und stelle eine Verbindung zu dir in der Mitte des Kreises her.

Ziehe jetzt mit Hilfe deines Atems dieses Bild in dein Herz hinein.

Spüre, wie es ist, etwas in sich zu tragen, was du wirklich willst, was dir Freude bereitet und du intensiv fühlen kannst.

Wie ist es, so starke Energien in sich zu haben?

Wo in deinem Körper spürst du diese Energien besonders?

Nimm dir einige Augenblicke Zeit für diese Wahrnehmungen.

Präge dir deinen Lichtkreis ein und verankere dieses Gefühl der Stärke in deinem Herzen.

Du hast alles, was du zu dieser Arbeit brauchst, bei und in dir.

Die Wesenheiten verabschieden sich der Reihe nach von dir.

Gestärkt und bestätigt bleibst du in deinem Kristallraum und kannst, wenn du möchtest, mit deinem Lichtkreis weiterarbeiten.

Visualisiere eine neue Situation und lass deine Energien hineinfließen.

Wenn du Unterstützung brauchst, darfst du jederzeit zu dir bitten, wen du dabei haben möchtest.

Nach einigen Übungen wirst du merken, dass du diese wundervolle Arbeit alleine schaffst.

Die Meister und Wesenheiten sind dann nur noch als deine Freunde und Gäste anwesend.
Alle Situationen, die du in dein Herz holst, werden Teile deines Lebens.

So verstärkt wirst du immer öfter daran denken, etwas für dich zu tun.

Wenn deine Arbeit für jetzt beendet ist, verlasse den Kristall.

Gehe aus deinem Herzen zurück in deinen Körper.

Spüre dich in deinem Körper.

Atme einige Male tief durch, strecke deinen Körper und beende deine Meditation mit deiner Erdungsübung.

Diese Übung legt das Augenmerk auf die Bewusstwerdung deiner Lebensweise und deines Verhaltens. Verstärke die Handlungen, die dich selbststärken, mit Energie, dann kann dein Leben zu einem erfüllten Streben nach Einheit und Glück werden. Die Liebe, die du für dich selbst dabei wiedererweckst, wird dich beflügeln und zu einem offenen Menschen wachsen lassen.

Die Bilder, die du in deinem Herzen verankerst, werden durch diese Übung Teile deines Handelns.

Du kennst das ja mit dem Unterbewusstsein.

Was einmal dort drinnen ist, wird Wirklichkeit.

Das heißt, wir ziehen alles zu uns, was wir dazu brauchen, um glücklich und liebevoll unser Leben zu genießen.

Vielleicht hört sich das jetzt sehr einfach an, und es sei also gar nicht schwer, glücklich zu sein. Das müss man nur zulassen und bestellen.

Da hast du recht: Unsere Gedanken bestimmen unser Leben.

Diese Weisheit haben schon viele Menschen vor mir von sich gegeben.

Aber es kann ja auch sein, dass du Erlebnisse oder Handlungen findest, bei denen du kein gutes Gefühl entwickeln kannst.

Dazu erweitern wir unsere Meditation.

Diese Übung wird unterstützt von Lady Janadah, der Energieanhebung von Lady Nada.

Bis zum Lichtkreis ist alles gleich, auch die Wesenheiten sind dabei, wenn du es wünschst.

Steige hier in die Arbeit ein:

Atme tief ein und aus und hole eine Handlung in den Lichtkreis, die ein Gefühl in dir erzeugt, das du ändern willst.

Schaue dir die Handlung genau an.
Wie reagierst du auf dich selbst?
Was passt nicht für dich?

Versuche zu verändern, was dich stört, und bitte um Unterstützung, wenn du sie brauchst.

Nimm wahr, was du an dir gut findest.

In jeder Handlung ist etwas verborgen, worauf du stolz sein kannst.

Suche danach.

Nimm jetzt auch wahr, wie eine Wesenheit aus hellem Licht mit rubinrotem Umhang auf dich zukommt.

Lady Janadah wirkt alleine durch ihre Gegenwart.

Deine Absicht wird durch ihre Energie vervielfacht.

Sie legt dir ihren rubinroten Umhang um die Schultern, um dir die Kraft mit auf den Weg zu geben.

Lass deine Energien jetzt in das Bild fließen und nimm wahr, was sich verändert.

Tue es so lange, bis dein Gefühl für die Handlung gelöst und angenehm ist.

Ziehe dann das transformierte Bild in dein Herz.

Beende die Meditation wie oben.

☆☆

Je intensiver du arbeitest, desto schneller erkennst du deine Stärken.

Deine Einstellung dir gegenüber darf sich verändern.
Es geht vor allem um deine Haltung zu dir selbst.
Was siehst du an dir?

Wesentlich ist, in jeder Handlung, in jeder Situation das Positive an sich selbst zu suchen und zu finden. Diese Grundhaltung wird auch für andere sichtbar, und es kann gut sein, dass du darauf angesprochen wirst.

Mir ist das passiert: Es war vor ein paar Jahren, mein zweites Buch (Arbeit mit den Aufgestiegenen Meistern, Smaragd Verlag) war gerade erschienen, und ich war zu Besuch bei einer Tante, der ich das Buch mitbrachte.

Sie schaute es kurz an und sagte dann ziemlich unvermittelt:

„Wenn man so etwas macht wie du (sie meinte meine Seminare und das Bücherschreiben), dann wird man schon recht egoistisch, oder?"

Ich war zuerst einmal etwas sprachlos, fragte sie dann aber, wie sie das meinte.

Sie sagte eher nachdenklich, dass ich doch in meinem Leben nur das tue, was mir Spaß mache. Das bemerke sie an mir. Ich fragte weiter, was daran wohl falsch sei.

Nach einer kurzen Pause sagte sie: „Wahrscheinlich gar nichts."

Es ist schon so, dass unsere Mitmenschen (oder auch wir selbst) oft nicht damit umgehen können, wenn es uns gut geht, weil wir in so alten Mustern hängen, wie:

- Das Leben ist hart.
- Man muss alles hart erarbeiten.
- Was man zu leicht bekommt, ist nichts wert.
- ...

Jetzt ist die Zeit, diese Haltungen zu transformieren.

Beginne heute damit, dann geht es morgen schon ein Stück lustbetonter, freudiger und liebevoller in deinem Leben zu.

Noch kurz einige Worte zu Lady Nada und ihrer aufsteigenden Energie Lady Janadah:

So, wie wir hier in der weltlichen Inkarnation nach Energieanhebung, Aufstieg und Transformation streben, so arbeiten auch die Aufgestiegenen Meister in den nächsten Ebenen und Dimensionen daran, wieder zurück ins reine Licht zu kommen.

Dazu wechseln sie wie wir in höhere, das heißt feinstofflichere Räume und Bewusstseinszustände.

Wir kennen das, wie schon erwähnt, von Sananda, der im Prozess der Kreuzigung in Maitreya transformiert wurde. Das heißt aber nicht, dass fortan nur noch Maitreya oder Janadah für uns wirken.

Sananda und Nada sind weiterhin präsent, es kommt auf uns an, in welcher Dimension oder Wirklichkeit wir gerade arbeiten.

Auch kann es sein, dass es sich verändert. Du kannst deine Meditation mit Lady Nada beginnen, eine Energieanhebung vollziehen und arbeitest mit Lady Janadah weiter, genauso auch umgekehrt, wenn du in eine andere Inkarnation einsteigst und noch etwas aufzulösen hast, wozu du eine bestimmte Energieunterstützung brauchst.

Lady Janadah verstärkt nun die Energie von Lady Nada um den Punkt der Selbstverständlichkeit.

Lichtenergie fließt wie von selbst an Punkte und Erlebnisse, ohne eine bewusste Einbeziehung der Absicht.

Deine Intension ist nicht mehr wichtig, wenn du dich mit ihrer Energie verbindest. Erstrebenswert ist, einfach nur zu sein, einfach nur geschehen zu lassen.

Wenn du also in der Übung von vorhin dein Bild mit Energie verstärkst, kannst du aufhören, das Positive zu suchen, denn es wird wie von selbst sichtbar für dich.

Versuche hier eine kurze Visualisierung:

Stelle deinen Kontakt zu Lady Nada her.

Nimm ihre Wesenheit und deine Seele und lass dieses Bild tausendfach von Gott verstärken.

Siehe dich selbst an, wie du durch die Dimensionen wandern kannst, und siehe das Bild von Lady Nada an, wie sie zu Lady Janadah transformiert, fließend wie ein Hologramm, das, je nach Betrachtungswinkel, verschiedene Ansichten frei gibt.

Bedanke dich dann für diese Einsichten und komme wieder zurück.

Du verstehst sicher, was ich meine.

Für deinen Verstand gebe ich dir ein kurzes Bild, wie ich Lady Janadah oft wahrnehme.

Sie ist eine sehr feingliedrige, helle Lichtgestalt.

Sie wirkt zerbrechlich, fast durchscheinend, und doch stark und energievoll.

Meistens sehe ich sie in einem silberweißen Gewand, oft mit einem rubinroten Umhang, der trotzdem durchscheinend glitzert.

Dazu muss ich immer wieder erwähnen, dass ich ein visueller Typ bin und meine Fantasie die schönsten Bilder produzieren kann.

Lady Gaia / Lady Khyrija
Aufbau von Energiefeldern, Erdheilung

Lady Khyrija ist die Energieanhebung von Lady Gaia, der Mutter Erde.

Die Transformation der Erde geht Hand in Hand mit der Transformation der Menschheit, des Tierreichs und aller Reiche, die in unserem Inkarnationsraum liegen.

Diese Anhebungen nehmen wir bewusst wahr. Was darüber hinausgeht, können wir erfühlen, wenn wir die Grenzen unserer Dimension überschreiten. 2012 ist ein so großes Schlagwort. Wenn du dieses Buch liest, steht uns dieses „Ereignis" vielleicht noch bevor, genauso gut kann sein, dass 2012 schon geschehen ist, du in dieser neuen Energie lebst und genau weißt, was du vor drei oder vier Jahren noch nicht bewusst fassen konntest.

Ich habe das Gefühl, dass 2012 schon gestern begonnen hat. In meinem Channeling im Februar 2008 durfte ich ja schon erste Einblicke weitergeben (siehe Vorwort). Für mich ist diese magische Zahl, die durch etliche Bücher und Channelings wandert, nur eine Richtlinie, die uns hilft, unserem Denken ein Ziel oder Teilziel sichtbar zu machen.

Was wird sein im Jahr 2012?

Ich glaube, dass sich das weiter verändert, was sich jetzt ohnehin schon verändert. Der Dimensionswechsel, von dem so viel gesprochen und geschrieben wird, geschieht schon heute sehr fließend und ständig. Ich habe auch das Gefühl, der Wechsel in die nächste Dimension ist nur ein Startschuss für uns, die Grenzen zu überschreiten. Wir erlangen die Fähigkeit, nicht nur eine Stufe zu steigen, sondern werden uns zwischen den einzelnen Lichtstufen (so nenne ich die Dimensionen) bewegen dürfen. Je nachdem, wo wir gerade sind, woran wir gerade arbeiten und mit wem wir in Kontakt treten, werden wir die Lichtstufe wählen, in der wir bestmöglich fühlen und sein können.

Die Einheit wird ein Begriff, der in und mit uns lebt.

Alles, was um uns existiert, ist Teil davon und handelt als dieser Teil. Zusammen erschaffen wir die Einheit, von der wir heute oft nur reden oder träumen.

Um dorthin zu gelangen, ist es notwendig, ALLES mitzunehmen. Es ist Teil unserer Aufgabe, das zu ermöglichen. Lady Gaia braucht unsere Unterstützung genauso, wie wir ihre brauchen.

In vielen verschiedenen Energiearbeiten wird gerade darauf ein Schwerpunkt gelegt. Die Transformation der Erde und der Wechsel unseres momentanen Heimatplaneten in die nächste Dimension ist stark spürbar. Viele Katastrophen ereignen sich zurzeit, die Natur reinigt sich auf diese Weise. Vergleichbar mit den Krankheiten, die unser Körper zur Reinigung verwendet.

Unterstütze diese Arbeit von Mutter Erde, indem du den Fokus auf eine heile Welt legst.

Es gibt eine Menge Mails und Aufrufe, die dir immer wieder zeigen, was alles passiert ist, wie schrecklich sich die Katastrophen auf einzelne Regionen auswirken. Es mag etwas hart klingen, aber lösche diese Nachrichten, sie sind Teil eines Plans, der schon lange geschrieben wurde und den wir alle mittragen. Gibst du ihnen deine Aufmerksamkeit, so verstärkst du damit das Leid, das darinnen enthalten ist. Du kennst den Versuch, **nicht an eine schwarze Katze zu denken**. Was hast du vor Augen? Natürlich die schwarze Katze, und du musst Energie aufwenden, sie aus deiner Aufmerksamkeit zu verdrängen. Denke an das, wofür du deine Kraft einsetzen möchtest: die Erdheilung zu unterstützen. Also an eine wundervolle, heile, in Gesundheit rotierende Erde.

Versuche einmal, in der folgenden Meditation, deine Energien dorthin zu lenken.

Gehe deinen Weg in die Entspannung und atme tief in dein Herz hinein.

Werde ganz ruhig und konzentriere dich auf deinen Atem.

Dein Herz ist ein Raum voller Energie, Freude und Gesundheit.

Richte deine Aufmerksamkeit auf die Kraft in deinem Herzen.

Spüre diese Kraft.

Lass diese Kraft aus deinem Herzen ausströmen und in deinen ganzen Körper fließen.

Suche dir einen Platz in der Natur, an dem du dich wohlfühlst.

Du kannst diese Übung wirklich in der Natur machen. Wähle einen Platz aus, an dem du ungestört bist und wo du dich auf die Erde setzen oder legen kannst (natürlich darfst du eine Decke als Unterlage verwenden oder dich auf einen Stein, einen Baum etc. setzen.).

Wenn du die Erde gut spüren kannst, dann lass eine Verbindung aus deinem Wurzelchakra in die Erde wachsen.

74

Siehe, wie diese Schnur oder Wurzel immer tiefer in die Erde eindringt.

Nimm wahr, welche Reiche sie durchwandert.

Siehe dir die Wesenheiten an, die dir unter der Erdoberfläche begegnen.

Stelle einen Kontakt zu ihnen her.

Bei manchen von ihnen hast du vielleicht das Gefühl, dass sie dich gerne begleiten möchten auf deinem Weg, dann lade sie ein, dieses zu tun.

Du kommst immer tiefer und tiefer, bis du im Erdmittelpunkt landest.

Dort wirst du bereits von einer wunderschönen Wesenheit erwartet: Lady Khyrija.

Sie ist die Energieanhebung von Lady Gaia, unserer Mutter Erde.

Sie lädt dich ein, sie in einen Tempel aus Wurzeln und funkelnden Steinen zu begleiten.

Fühle dich ganz zu Hause. Das ist der Platz der Ruhe und Einheit.

Hier kannst du dich ganz fallen lassen und Zeit und Raum vergessen.

Atme diese Ruhe und Einheit tief in dich ein und genieße es, einfach nur zu sein.

Stelle jetzt eine Verbindung zu dem Platz her, an dem du lebst.

Visualisiere die Umgebung deines Hauses, den Garten oder Park, der in der Nähe liegt, und die Pflanzen, die dich dort umgeben. Ganz gleich, ob dieser Platz auf dem Land liegt oder in der Stadt.

Bitte Lady Khyrija, deine Energien anzuheben.

Sie legt dir dazu einen Teil des Raums – eine Wurzel oder einen Stein – in dein Herz.

Fühle die Verstärkung und lass deine jetzt angehobene Energie in den Platz deines Wohnorts fließen.

Bitte Gott, diesen Platz zu heilen und Heilung über alles kommen zu lassen, was damit in Berührung tritt.

Du brauchst dazu nichts zu visualisieren, alles geschieht von selbst.

Nicht alle Veränderungen sind sofort für dich sicht- oder spürbar. Manche Prozesse werden durch die Energien gestartet und brauchen Zeit, sich zu manifestieren.

Sei dir sicher, dass du eine wertvolle Arbeit leistest.

Wesentlich für diese Prozesse ist, dass man darum bittet.

Dein Zeichen für die Arbeit trägst du jetzt in dir.

Sooft du Heilung für den Platz, an dem du dich gerade befindest, erbitten möchtest, kannst du die Verbindung über das Symbol in deinem Herzen herstellen. Es reicht, die Energie dann fließen zu lassen.

Bedanke dich bei Lady Khyrija und verlasse dann den Platz im Mittelpunkt der Erde.

Du kannst jederzeit für deine Arbeit nach hier zurückkehren.

Gehe zurück durch die einzelnen Schichten der Erde und verabschiede dich auch von den Wesenheiten, die dich begleitet haben.

An der Erdoberfläche angekommen, spüre den Untergrund unter deinem Körper.

Atme einige Male tief ein und aus und komme wieder ins Hier und Jetzt zurück.

☆☆

Diese Übung erscheint sehr einfach, bewirkt aber sehr viel. Vor allem verändert sie die Wahrnehmung für deine Umgebung. Es werden dir Dinge auffallen, die du noch nie bewusst gesehen hast: ein Baum, eine dunkle Ecke oder Stelle in deinem Haus, an denen aber möglicherweise Energien oder Seelen gebunden sind, die durch deine Arbeit frei werden.

Lady Khyrija unterstützt dich immer, wenn du sie darum bittest. Sie wirkt aus den nächsten Dimensionen und ist erfreut über deine Hilfe.

Natürlich kannst du diese Heilarbeit auch über die Erde hinaus ausdehnen.

Die Energie und Kraft wirken unbeschränkt in jeder Dimension und an jedem Ort.

Viele von uns haben ja ihre Heimat auf einem anderen Planeten, kommen von einem Stern oder sonst woher. Du kennst vielleicht das Gefühl, woanders zu Hause zu sein.

Schicke deine Heilenergie auch an diese Plätze.

Um Transformation, Heilung und Einheit zu erreichen, ist es notwendig, ALLES mit einzubeziehen.

Unsere Erde ist in einen schnell laufenden Transformationsprozess eingestiegen, und daher wird die Transformation von Lady Gaia in Lady Khyrija sehr rasch erfolgen.

Die verstärkte und vereinigte Energie dieser Wesenheiten wirkt auf das gesamte Energiefeld, und damit auf den Lichtwerdungsprozess ein.

Aus der Quelle

Wir sind EINS mit Allem-was-ist – Alles ist EINS

Integration des göttlichen Funkens

Alles EINS werden zu lassen, ist die wesentliche Aufgabe in unseren Inkarnationen.

Das fällt uns besonders leicht, wenn es sich um Verhalten, Muster und Energien handelt, die wir der lichtvollen Seite zuordnen. Du siehst, schon beginne ich wieder zu werten, auch wenn es nicht ausgeschrieben ist.

Aber dennoch ist es für uns so.

Gerne wollen wir EINS sein mit allem, was wir erstrebenswert finden. Mit Harmonie, Liebe, Licht...

Aber oft vergessen wir, dass zum Einssein alles gehört, was ist.

Das betrifft auch die dunklen Seiten, Energien und Muster, die wir ja genauso kennen und in uns haben oder leben.

Erst genau diese Seiten zeigen uns das Licht. Wer den Schatten nicht kennt, sieht das Licht nicht, wer glaubt, sich nur auf einer Seite aufhalten zu können, nur einen Teil leben zu dürfen, der beschränkt sich selbst am meisten. Es sind oft die dunklen, nicht so lichtvollen Seiten, die uns viele Erfahrungen ermöglichen, erst wenn wir da hindurchgegangen sind, wissen wir, was Licht ist.

Viele von uns haben diese Inkarnationen zum großen Teil hinter sich, dennoch ist es wichtig, in manche dieser Leben zurückzugehen, Reste aufzulösen und sich selbst frei zu geben.

Am meisten beschränken wir uns mit alten Schwüren, die wir beim Verlassen einer Inkarnation leisten.

Wie schon so oft erwähnt, ist es nicht wichtig, alles genau noch einmal zu durchleben (alles bis ins Detail bewusst zu machen). Sollte etwas wichtig sein für unseren Aufstieg ins Licht, dann wird uns das mit Sicherheit bewusst. Darauf kannst du vertrauen.

In meinem Buch: „Lady Nada – Aktivierung der inneren Heilkraft; Rituale für den Alltag" (erschienen im Smaragd Verlag) habe ich einige Übungen beschrieben, die dir helfen, dich von alten Mustern zu lösen und deine Energien zurückzuholen und zu verstärken.

Die folgende Meditation hilft dir, in vergangene Leben zu gehen und deine Schwüre zu finden und aufzulösen.

Wie sehr karmische Verbindungen und geleistete Schwüre dein Leben beschränken, möchtel ich dir kurz anhand eines Beispiels aus meinen Erfahrungen erzählen.

Vor gut fünfzehn Jahren begann ich, mich mit Energiearbeit zu beschäftigen. Wie so oft erst, als ich merkte, dass meine Energie für mich selbst nicht mehr ausreichte (weil ich meine Energie an andere weitergab). Ich begann mit Reiki, da konnte ich jeden Tag etwas für mich tun.

Einer meiner Freunde erkrankte in dieser Zeit an Krebs, und ich bot ihm an, ihm Energieverstärkungen zu geben, was er auch in Anspruch nahm.

Weitere Menschen aus meinem näheren Umkreis baten ebenfalls um Reiki-Übertragungen. Ich ließ mich weiter ausbilden und war froh, nach einigen Jahren den Lehrergrad erreicht zu haben.

Natürlich half ich gerne, ich freute mich, helfen zu können, und machte wunderschöne Erfahrungen während und mit dieser Arbeit. Aber da war auch manchmal ein undefinierbares Gefühl, das ich erst los wurde, als ich die Lehrerausbildung abgeschlossen hatte und selbst Ausbildungen anbieten konnte.

Ich verlangte einen sehr geringen Energieausgleich dafür, mit der Begründung, dass die Menschen doch lieber die Arbeit lernen sollten, um sich selbst behandeln zu können, als sich von mir unterstützen zu lassen. Ich schob die Eigenverantwortung an die Stelle meines undefinierbaren Gefühls und freute mich, eine Erklärung gefunden zu haben.

Bis ich ein Schwitzhüttenritual machte.

Dazu muss ich erwähnen, dass ich Hitze sehr schlecht vertrage, meine spärlichen Saunabesuche (drei an der Zahl) absolvierte ich als Pflichtübungen, und dieses mehr schlecht als recht.

Warum auch immer ich mich damals hinreißen ließ, ein Schwitzhüttenritual mitzumachen, vielleicht war es auch der Schamane, der mich dazu brachte. Im Nachhinein wusste ich natürlich genau, warum es für mich wichtig war.

Wir waren eine Gruppe von circa zwölf Leuten und bereiteten uns auf das Ritual vor, indem wir Tabaksäckchen füllten und zu einer Kette zusammenknüpften. Dann versammelten wir uns um das Feuer, in dem die Steine für die Schwitzhütte schon seit einigen Stunden zum Glühen gebracht wurden.

Als alle Steine in der Schwitzhütte waren, gingen auch wir hinein. Die Frauen zuerst, dann die Männer und der Schamane.

Gleich goss er mit einer Kräutermischung auf, und die erste Dampfwelle erfüllte den Innenraum der Schwitzhütte.

Die Tür wurde geschlossen, und wir begannen zu trommeln, zu rasseln und zu singen.

Links von mir saßen zwei zwölfjährige Mädchen, denen die Hitze so gut wie nichts auszumachen schien. Sie rasselten munter drauflos, während ich damit kämpfte, nicht rauszustürmen.

Wir dürften jederzeit raus, hatte man uns vorher gesagt, was mein Ego aber nicht zuließ, zumal ich mir den vom Ausgang am weit entferntesten Platz „ausgesucht" hatte. Also, was tun?

Gerade, als ich aufgeben wollte, war ein Stopp. Der Ausgang wurde geöffnet, und der Schamane bat uns reihum, unsere Gebete einzeln zu sprechen. Die Teilnehmer baten Gott um ein starkes Ritual, und dass alle in der Schwitzhütte wegen der gemeinsamen Energie bis zum Schluss bleiben könnten. Ich bat Gott, die Kraft zu haben, hinauszugehen, sollte ich es nicht mehr aushalten.

Dann wurde der Ausgang wieder geschlossen und erneut aufgegossen. Zweite Runde, trommeln, singen, beten...

Dieses Mal wurde es noch heißer. Ich legte mich hin und war sofort in meinem Krafttier, der Schlange, die sich am Boden dahinschlängelte, die Kälte der Steine spürt und in die eigene Energie und den Körper ziehen kann. Ich war beeindruckt, denn ich hatte einen Weg gefunden, DRINNEN zu bleiben.

Ich kam etwas zur Ruhe, aber nicht lange. Ich spürte die Hitze auf meinen Beinen, die ich ja aufstellen musste, um mich hinlegen zu können. Als mir die Hitze bewusst wurde, kamen alte Bilder, Szenen und Ausschnitte, die mich in die Inkarnation zurückführten, in der ich als Hexe verbrannt wurde, und ich spürte diese unglaubliche Hitze an meinem Körper.

Als ich noch weiter zurückging und nach dem Grund meiner Hinrichtung suchte, wurde mir plötzlich bewusst, dass ich es damals war, die den Menschen half, bei ihnen Heilbehandlungen durchführte, sie energetisch unterstützte, mit Kräutern und Wurzeln arbeitete, mischte, die Mixtur dann auflegte und dafür verbrannt wurde.

Tja, du kannst dir vorstellen, wie mein Schwur hieß, den ich leistete, als meine Seele meinen Körper verließ.

Genau, ich wollte NIE wieder Menschen mit Energiearbeit unterstützen, weil ich damals dadurch zu Tode kam.

Das war eine Erkenntnis. Sofort löschte ich den Schwur, trennte meine karmische Verbindung dazu und begann, die frei werdenden Energie in meinen Körper zu atmen und damit die zweite Runde zu schaffen.

Die dritte und vierte Runde machten mir schon fast Spaß. Ich registrierte, dass ich, wenn ich ganz laut sang, kaum heiße Luft in den Körper bekam. Also sang und feierte ich ziemlich lautstark, rasselte und trommelte, es gab keine Zeit und keinen Raum für mich, bis zum Verlassen der Schwitzhütte.

Als wir draußen waren, sah ich meine Freundin, die sehr starke Schmerzen zu haben schien. Es war das Natürlichste von der Welt für mich, ihr meine Hände aufzulegen.

Tja, und ein witziges Detail am Rande: Der Schamane fragte mich, wie es mir denn jetzt gehe. Ich antwortete, dass ich mich sehr wohl fühle. Er meinte nur, er habe mich singen hören, und Frauen würden selten in Schwitzhütten singen, und schon gar nicht so laut.

Jetzt aber zur Übung:

Du kannst diese Arbeit bewusst einsetzen, wenn dir eine Inkarnation deutlich wird, aber auch ohne bestimmtes Ziel, wenn du das Gefühl hast, dich selbst durch dein Verhalten zu blockieren.

Gehe in das betreffende Leben und löse den Schwur auf, den du dir gegeben hast, und du wirst frei sein.

Setze oder lege dich bequem hin.

Atme einige Male tief ein und aus und entspanne dich.

Nimm wahr, wie dein Atem durch deinen Körper fließt und dich ruhig und leicht werden lässt.

Lass deine Seele mit deiner Bewusstheit auf eine Zeitreise gehen.

Suche dir einen besonderen Ort, den wir jetzt den „Tempel der Erinnerung" nennen wollen.

An diesem Ort kannst du diese Übung jederzeit wiederholen.

Stelle dir diesen Tempel groß und mächtig vor, es ist eine wichtige Aufgabe, die du hier lösen wirst.

Gehe in den Tempel hinein und schaue dich einmal um.

Mache dich vertraut mit der Energie, die du dort spürst, und lass sie zu einem Teil von dir werden.

In deinem Tempel gibt es eine lange Treppe, die nach oben führt.

Suche diese Treppe und gehe langsam, Stufe für Stufe, nach oben.

Dort angekommen, findest du einen Gang mit mehreren Türen.

Jede dieser Türen steht für eine Inkarnation.
Wähle eine Tür aus und öffne sie.
Gehe in den Raum und schaue dich um.
In welchem Leben bist du angekommen?

Wenn du nicht gleich etwas sehen kannst, dann fühle in dich hinein.

Was spürst du?
Ist es eine schöne, ruhige Energie, die sich in dir ausbreitet?

Fühlst du Schmerz,
Angst,
Wut,
Entsetzen,
Ohnmacht?

Lass dir die Zeit, die du brauchst, um richtig in diesem Leben anzukommen.

Bringe dich dann in deine Mitte, spüre deine Seele in dir ruhen und gehe in dein Herzchakra.

Wisse, dass du diese Inkarnation, dieses Erlebnis, das du vielleicht gerade vor Augen hast, nicht ändern kannst. Du kannst nur dein Gefühl dazu verändern.

Beurteile dich nicht, sondern zeige Mitgefühl.

Jede Seele stellt sich für die Erfahrungen, die sie macht, aus freiem Willen zur Verfügung. Für sich genauso, wie für andere Seelen. Darum leben wir in unseren Inkarnationen so, wie wir leben, und handeln, wie wir es mit den anderen Seelen vereinbart haben.

Gehe zu deiner Inkarnation und stelle dich hinter dein Wesen.

Bitte es, dir den Moment kurz vor deinem Tod zu zeigen.

Schau, ob du erkennen kannst, was du dir damals geschworen hast, als du das Leben verlassen hast.

Formuliere den Schwur um, löse die karmische Bindung, indem du dich freigibst.

Aus diesem Gefühl heraus, das du in dieser Inkarnation wahrgenommen hast, hast du diesen Schwur ausgesprochen.

Vor allem dir selbst gegenüber.

Also gib dich selbst frei, indem du dir erlaubst, ihn jetzt loszulassen.

Siehe zu, wie die Energie sich langsam von deinem Wesen zu lösen beginnt und in reines Licht umgewandelt wird.

Gib deinem Wesen liebevolle Worte mit für den Weg der Seele aus dem Körper.

Lass diesen Seelenanteil in dein Herz fließen und verstärke dich selbst mit deiner Liebe.

Bleibe einige Augenblicke ganz in deinem Herzen, um die Energie in dein ganzes Wesen dringen zu lassen.

Wenn du das Gefühl hast, dass sich die Energie in diesem Raum ruhig und liebevoll anfühlt, dann verlasse ihn wieder und schließe die Tür hinter dir.

Du stehst jetzt wieder im Gang und kannst entscheiden, ob du noch eine Tür und damit eine Inkarnation öffnen möchtest, oder ob du deine Meditation jetzt beendest und ein anderes Mal weiterarbeitest.

Wenn du für heute abschließen möchtest, dann schreite langsam die Stufen hinunter, um wieder im Tempel unten anzukommen.

Verabschiede dich von allen Wesenheiten, die du dort findest. Auch wenn du sie bis jetzt noch nicht wahrgenommen hast, so wurdest du doch sicher und kraftvoll begleitet.

Verlasse deinen Tempel jetzt und komme langsam wieder im Hier und Jetzt an.

Atme einige Male kräftig ein und aus und öffne dann deine Augen.

Natürlich kannst du diese Übung so oft wiederholen, wie du magst.

Öffne jedes Mal eine andere Tür.

Auch kann es sein, dass du zweimal in denselben Raum gehen möchtest, dann tue es einfach.

Nicht immer wird uns gleich alles auf einmal bewusst.

Sollte es sein, dass du einmal wieder in deinen „Tempel der Erinnerung" gehst und dort keine Tür mehr ist, die du noch nicht geöffnet hast, dann ist es an der Zeit, ein Stockwerk höher zu gehen.

Schaffe dir im Außen einen Raum der Stille.

Entspanne dich völlig und fühle eine Leichtigkeit durch dein Wesen ziehen.

Mache dich wieder auf in deinen „Tempel der Erinnerung".

Gehe langsam durch die Eingangshalle zur Treppe und steige ruhig und gelassen, Stufe für Stufe, nach oben.

Lass deinen Blick über alle Türen ziehen, die du schon durchschritten hast.

Sei stolz auf dich, weil du so zielstrebig deine Entwicklung verfolgst.

Schaue dich jetzt um und suche eine weitere Treppe, die dich in das „Stockwerk der Einheit" bringen wird.

Gehe langsam und nimm wahr, wer dich begleitet.

Am Ende der Treppe wartet eine große, helle Wesenheit auf dich. Du kennst sie schon, es ist Melchizedek, der dich hier empfängt.

Sehr würdevoll geleitet er dich in einen wunderschönen, hell erleuchteten Saal.

Er führt dich in die Mitte des Saals.

Um dich funkelt und strahlt helles Licht.

Silberne und goldene Lichtstrahlen durchfluten den ganzen Raum.

Lass diese Energien und dieses wärmende Licht in deinen Körper hinein, durch deine Chakren ziehen und spüre, wie deine Lichtsäule durch das goldene und silberne Licht ausgedehnt wird.

Nimm wahr, wie vom Erdmittelpunkt durch dich hindurch, bis ins Universum, so weit du blicken kannst, alles in hellem Licht erstrahlt.

Schaue dich jetzt in deinem Saal um: Um dich haben sich deine Seelenanteile versammelt, die in verschiedenen Dimensionen, Welten und Räumen gerade inkarniert sind.

Jeder Anteil erstrahlt im selben Licht.

Die Lichtsäulen gehen vom Erdmittelpunkt aus und treffen sich im Universum.

Auch im Universum findest du Seelenanteile, die die Energien verstärken.

Atme jetzt tief aus und ein und verbinde alle deine Seelenanteile zu einem EINZIGEN.

Siehe, wie die Energie in einem Punkt ganz weit im Universum mündet und doch ewig weiterfließt.

Es ist dieses der Punkt deines Ursprungs, der Sitz deiner Monade.

Der Punkt in Gott, aus dem du entstanden bist und zu dem du wieder zurückkehren wirst, wenn dein Aufstieg abgeschlossen ist und du wieder zu reinem Licht wirst.

Fühle deine tiefe Verbindung zu Allem-was-ist – deine Einheit mit Gott.

Ein tiefes Ankommen zu Hause.

Eine unendlich starke Kraft, die aus dieser Einheit strahlt und damit auch ein Teil von dir ist.

Du bist diese Kraft.

In jedem Moment deines Lebens entscheidest du selbst, wie viel davon du gerade lebst.

Wisse, dass du diese Kraft und Energie jederzeit aus dieser Einheit holen darfst.

Erlaube dir, so lange in dieser Energie zu bleiben, wie du es gerne möchtest. Du bist ein Teil davon, du bist die Energie.

Du bist das Licht.

Gehe jetzt in dem Gefühl der Einheit langsam aus dem Saal die Treppe nach unten, an den Türen vorbei in die Eingangshalle.

Noch immer sind Melchizedek und deine Begleiter neben dir.

Verabschiede dich jetzt in tiefer Dankbarkeit von ihnen.

Komme dann langsam und sehr behutsam wieder ins Hier und Jetzt zurück.

Atme tief durch, erde dich bewusst und öffne dann deine Augen.

Du hast jetzt deinen Ursprung und die völlige Vereinigung im Licht gesehen.

Dein Geist, deine Seele und dein Körper haben nun ein Bild des „Ziels".

Dort wollen wir alle hin, bewusst oder unbewusst.

Die Geschwindigkeit bestimmst du selbst, auch hast du jederzeit die Möglichkeit, eine „Auszeit" zu nehmen, niemand verlangt von dir, ständig Lichtarbeit zu machen, dich ständig mit allem zu konfrontieren. Aber wenn du löst, loslässt und transformiertst, dann tue es mit Freude und Hingabe, habe Spaß dabei und genieße das Leben, das Schweben, das Ankommen, wohin auch immer dich deine Übung bringt.

Die Geistige Welt ist stets bereit, dich dabei zu unterstützen.

Vertraue darauf, vertraue dir und Allem-was-ist und dem, was passiert und dadurch zu dir kommt.

Metatron

Optimierung unserer Feinstofflichkeit

Du fragst dich jetzt vielleicht, warum die Feinstofflichkeit, die Materie, am Ende des Buches kommt.

Ganz einfach.
Die Bilder und Ziele, die Aufgaben und Übungen sind dem Verstand nun erklärt.

Und die Materie, den irdischen Körper, unser Transportmittel, kennt er ja bereits.

Es gibt, was die Materie betrifft, verschiedene Visionen, den Aufstieg betreffend.

Manche Menschen sind der Ansicht, dass alles, was Materie ist, sich von uns trennen wird. Dass Materie nicht mehr länger notwendig sein wird und wir auch äußerlich zu Lichtwesen werden.

Wie anfangs schon angesprochen, glaube ich, dass wir in dieser Transformation bereits mittendrin sind.

Das Jahr 2012 als Fixpunkt wurde vor einigen Jahren gechannelt, ohne den rasanten Arbeitseifer der Lichtarbeiter zu berücksichtigen.

Der Dimensionswechsel in die nächste Dimension ist auch nicht mehr vorrangiges Thema, weil es, meinen Informationen nach, ein Öffnen aller Dimensionen, die für die betreffende Person erreichbar sind, geben wird. Wir erhalten damit die Möglichkeit, zwischen den Dimensionen und Ebenen zu wechseln. So, wie wir schwingungsmäßig gerade strahlen.

Ich habe auch das Gefühl, dass sich im Außen nichts wirklich verändert. Materie wird nach wie vor verfügbar sein. Welche Stofflichkeit bei jedem spürbar ist, hängt von seiner Lichtarbeit ab.

Diese Lichtarbeit, wie wir immer liebevoll unser „Trainingsprogramm" nennen, wird meines Erachtens nach von allen Individuen ausgeführt. Manche Wesen handeln bewusst, manche unbewusst. So, wie die einzelne Seele es vor ihren Inkarnationen ausgesucht hat.

Darum glaube ich auch, dass jede Seele an diesem Dimensionswechsel teilnimmt.

Es ist also nicht notwendig, dass sich Materie auflöst. Wir verändern uns, unsere Energie hebt sich an, unsere Materie wird feinstofflicher (in der folgenden Übung startest du dieses Umwandlungsprogramm), und damit wechselt jeder in die Dimension, in die er gerade passt.

Auch wird es uns jederzeit möglich sein, zurückzugehen.

Das ist ganz einfach zu verstehen, denn sonst könnten ja die Aufgestiegenen Meister auch keinen Kontakt zu uns aufbauen und in unsere Schwingungsebene kommen.

Metatron als Manifestation Gottes ist unser Begleiter bei der Transformation und Verfeinstofflichung unseres Körpers.

Durch seine Unterstützung optimieren wir unsere Feinstofflichkeit. Intuitiv wählst du die richtige Intensität. Du bestimmst das Tempo deiner Umwandlung.

Metatron wirkt durch seine helle Lichtenergie direkt auf unsere Zellen und energetischen Verbindungen ein.

Nun zur Übung:

Führe sie durch, wann immer du Lust und Zeit hast, aktiviere deine Kurzsymbole (am Anfang des Buches habe ich dir einige Hinweise gegeben, solche Handbewegungen oder Rituale für Arbeiten anzulegen) und lass die geistige Ebene, besonders Metatron, dich unterstützen.

Dafür ist es gut, die Übung aus dem letzten Kapitel durchgeführt zu haben.

Gehe deinen Weg in die Entspannung.

Verbinde dich mit Mutter Erde, Lady Gaia und Lady Khyrija.

Lass die Energien der Meister über deine Fußsohlen langsam in deinen Körper fließen.

Du erdest dich damit zusätzlich, und die Energie gibt dir die Möglichkeit, gleichzeitig zu transformieren.

Schaue dir diese Energie aus dem Erdmittelpunkt an.

Welche Farbe hat sie, wenn sie in deinen Körper tritt?

Verändert sich ihre Farbe beim Fließen durch deine Beine bis zum Wurzelchakra, beim Weiterströmen durch deine Chakren im Unterleib, dem Herzen und Thymuszentrum, beim Durchfluten des Halschakras und dem Erreichen deines Dritten Auges?

Und welche Farbe nimmst du wahr, wenn die Energie dein Kronenchakra passiert und deinen physischen Körper verlässt?

Diese sehr erdende Kraft balanciert deinen Köper aus.

Mutter Erde erlaubt dir, dich ganz in ihre Energie zu begeben und dich fest zu verankern.

Lass jetzt langsam um dich einen Lichttunnel entstehen, der dich völlig einhüllt.

Er hat einen Durchmesser von mindestens deiner Armlänge.

Stelle dich aufrecht mitten hinein, breite deine Arme aus, die Handflächen zeigen Richtung Erde, und beginne, dich langsam zu drehen. Die Richtung ist gleich.

Schließe deine Augen dabei und fühle die Energie, die um dich zu wirken beginnt.

Atme dabei die Energie, die sich in deinem Körper bildet, fest aus, um den Lichttunnel auszudehnen.

Führe diese Übung jetzt einige Atemzüge lang durch.

Öffne deine Augen und nimm wahr, welche Grüße dein Lichttunnel bereits erreicht hat.

Drehe deine Handflächen nach oben und bleibe stehen.

Du stehst jetzt in reinem Licht, das direkt mit deiner Energie verbunden ist.

Ein helles Lichtwesen, Metatron, kommt auf dich zu und beginnt sehr behutsam, seine Energie über deine

Handflächen, dein Drittes Auge und dein Herzchakra in deinen Körper fließen zu lassen.

Gleichzeit werden dein Meisterchakra (liegt direkt hinter deinem Dritten Auge in der Mitte des Kopfes) und dein Aufstiegschakra (liegt an der Schädelbasis) aktiviert.

Nimm dir einige Augenblicke Zeit, diese Aktivierung vollständig werden zu lassen.

Lange, bevor wir uns für die irdischen Inkarnationen entschieden haben, sind wir aus der Einheit herausgetreten aus unserer Monade, die der Ankerpunkt in Gott ist. Diese Monade ist der Sitz unseres Seelenchakras.

Wenn du die Übung der Einheit bereits gemacht hast, kannst du direkt in diesen Punkt gehen.

Gehe also deinen Lichttunnel nach oben, bis du in deinen Ursprung in Gott kommst.

Metatron wird zu jeder Zeit deine Arbeit mit seiner Energie unterstützen.

Verbinde dich mit deiner Monade, indem du eine gold/silberne Schnur entstehen lässt.

Spüre die Energie, die durch diese Verbindung in dich einfließt.

Ziehe jetzt dein Seelenchakra in dein Herzzentrum und verankere es mitten im Herzen.

Du kannst diese fließende Bewegung gut spüren, und das Eintreten deines Seelenchakras ins Herz ist wie ein Wiederankommen zu Hause.

Du hast damit deine Verbindung mit deinem Ursprung auch physisch hergestellt.

Alles, was du für deinen Aufstieg auch auf der feinstofflichen Ebene brauchst, ist jetzt in dir verankert und kann nach deinem Willen geschehen.

Bitte Metatron jetzt um ein Zeichen, ein Symbol, das du für diese Einstimmung verwenden kannst. Du bist dadurch in der Lage, jederzeit, auch während einer irdischen Arbeitsphase, diese Optimierung deiner Feinstofflichkeit zu verstärken.

Bitte Metatron, dir dieses Zeichen in dein Seelenchakra zu legen.

Versiegele diese Übung jetzt mit der Energie aus deinem Lichttunnel.

Es wird alles so geschehen, wie es für dich am besten ist.
Zu deinem höchsten Wohl.

Bedanke dich bei Metatron und allen Wesenheiten für ihre Unterstützung und bringe deine Hände vor deinem Herzen in Gebetshaltung.

Verneige dich in Demut vor Allem-was-ist.

Lass deinen Lichttunnel langsam transparent werden und die Energien über alles verteilen, was du erreichen möchtest.

Komme dann langsam wieder ins Hier und Jetzt zurück, atme einige Male tief durch und öffne dann langsam deine Augen.

Die Umwandlung ist nun verstärkt, gestartet hast du sie sicher schon durch verschiedene Übungen. Alleine deine Lichtarbeit, die du für dich und uns alle machst, bewirkt eine Veränderung deiner irdischen Materie.

Es ist nicht von Bedeutung, dass du genau definierst, wie viele Stränge deine DNS bekommen wird.

Manche Energiearbeiten gehen von einer Zwölf-Strang-DNS aus. Das geht aus deren Arbeitsweise hervor und hat für sie eine zentrale Bedeutung, daher ist diese Annahme für diese Systeme wichtig.

Meine Übung (unsere Übung) beschäftigt sich mit dem intuitiven Erschaffen unseres Lichtkörpers.

Wir fokussieren das Ziel.

Wir arbeiten mit der Intention, reines Licht zu werden, und geben den Weg damit frei.

Ich behaupte nicht, dass dieses der ultimative Weg ist. Es ist der Weg, der meinen Erfahrungen und meinen Visionen entspricht. Nimm dir davon heraus, was für dich stimmig ist.

Es ist genauso wirkungsvoll, wenn du die Übung mit deinen Übungen kombinierst.

Jeder wählt seinen Weg.

Eintauchen in die Dunkelheit – Ursprung von Allem-was-ist

Diese Arbeit ist ein weiteres Geschenk von Metatron für uns.

Mein Manuskript zu diesem Buch war nahezu fertig, als ich spürte, dass noch etwas fehlte. Also stellte ich meinen Kontakt zur Geistigen Welt her, mit der Bitte um Informationen für dieses Buch.

Erneut spürte ich die Gegenwart von Metatron und wusste, dass ich noch ein Energiegeschenk durch ihn bekommen würde.

Am Abend, ich arbeite gerne in der Nacht mit den Energien und Wesenheiten, entspannte ich mich in meinem Bett und verband mich mit Metatrons Wesenheit und Energie.

Ich sah ein wundervolles Licht, das ich schon aus den letzten beiden Übungen kannte.

Ich wusste, dass das der Hinweis war, in diese Energie noch einmal tiefer einzudringen.

Also verband ich mich in tiefer Demut und spürte, wie ich durch die Lichtenergie hindurchfiel ins Leere, ins Schwarze, ins Nichts.

Dabei hörte ich ein so lautes Geräusch, dass ich den Eindruck hatte, in meinem Haus wäre der Stromschutz ausgefallen und alles damit ausgeschaltet. Es hörte sich so real an, dass ich gleich den Lichtschalter probierte, aber es war alles in Ordnung.

In dieser Nacht tauchte ich noch zweimal in diese E-nergie ein, bis ich am nächsten Tag wusste, was es zu bedeuten hat.

Ich war im Wissen von Allem-was-ist angekommen. Das ist der Ort, wo man alle seine Fragen stellen kann und die Antworten dazu findet.

Nicht das Licht allein ist Gott, ich hatte die Dunkelheit in Gott gefunden und damit die Einheit in ihm entdeckt.

So muss alles entstanden sein. So sind wir auf den Weg durch die Inkarnationen losgeschickt worden. Aus diesem Allwissen aus der Dunkelheit, verstärkt und ausge-rüstet mit dem Licht der Energie, haben wir uns auf unsere Reise gemacht durch all die Dimensionen, Inkarnationen und Orte, die wir uns ausgesucht haben.

Welch ein beeindruckender Start!

Ich möchte dir jetzt den Weg in der Meditation zeigen. Schaue, wohin sie dich bringt.

Wähle wieder deinen Weg der Entspannung.

Atme tief in deinen Körper, mache deine Vorbereitung, wähle aus den Übungen aus, wie du am besten in deinen Lichtpunkt in Gott kommst.

Bitte Metatron um Unterstützung und mache dich auf, ganz in deinem Licht aufzugehen.

Es gibt diesen einen Weg durch das Licht hindurch.

Wähle die Art, die dich durch das Licht steigen oder fließen lässt.

Es gibt nur eine Aufgabe, und diese ist, dieses Licht zu durchdringen.

Es kann sein, dass du diesen Weg öfter gehst, bevor du in der Dunkelheit ankommst. Vielleicht erhältst du Hinweise, welche Aufgaben vorher zu lösen sind.

Vielleicht genießt du es einfach nur, im Licht zu baden, eine wundervolle Möglichkeit, sich mit Energie zu stärken.

Diese Übung kannst du immer und überall machen, auch um deine Energie aufzufüllen, wenn du das Gefühl hast, sie verschenkt oder „verloren" zu haben.

Irgendwann bist du dann auf der anderen Seite angekommen, auf der Seite der Dunkelheit, der Einheit aus Allem-was-ist.

Spüre, wie alles sich auflöst, nichts mehr von Bedeutung ist. Alles sein und auch nicht sein kann und darf.

Es gibt keine Worte für dieses Gefühl, man spürt, wenn man dort angekommen ist. Auch ist es nicht wichtig, etwas zu suchen. Was willst du auch suchen im Nichts?

Du nimmst keine Meister und Wesenheiten mehr wahr, weil alles vereint ist.
Spüre diese Einheit.

Es geht nur um ein Gefühl, ohne Aufgabe, ohne Hinweis, ohne Botschaft.

Kennst du das Gefühl, nichts mehr tun zu müssen, nichts mehr tun zu können, weil es nichts mehr gibt, das erledigt werden muss?

Nichts mehr, das aufgelöst, transformiert oder verstärkt werden kann?

Stelle dir einfach vor, nur noch zu SEIN.

Lass diese Erfahrung einen Platz in dir finden.

Nimm sie mit hierher in diese Inkarnation und veran-
kere sie in deinem Körper, ganz gleich wo, du findest die
richtige Stelle.

Versiegele und genieße sie.

Atme dann einige Male tief in dich hinein.

Mache dir bewusst, was du eben erlebt und empfun-
den hast.

Die Erkenntnis, dass wir nichts brauchen, um zu sein,
ist faszinierend.

Diese Faszination breitet sich in dir aus.

Vielleicht bekommst du direkt etwas „Heimweh" nach
diesem Ort, nach dieser Stille und Ruhe.

Du kennst jetzt den Weg und den Platz.

Hier kannst du jederzeit eintauchen in dieses Gefühl
und in diesen Zustand.

Genieße noch, was du genießen möchtest.

Gehe dann langsam durch das Licht zurück in deinen
Lichttunnel und in deine irdische Inkarnation.

Hole dir ganz klar deine Verbindung zur Erde und spüre deinen physischen Körper.

Du bist im Hier und Jetzt angekommen.

Reibe deine Handflächen aneinander und verneige dich in Demut vor Allem-was-ist, vor der Einheit der Wesenheiten, die dich begleitet haben, besonders auch vor dir selbst.

Dehne deinen Körper, strecke dich kräftig und öffne dann langsam deine Augen.

Wenn ich so nachdenke, kenne ich diesen Ort ganz tief in mir schon sehr lange.

Oft spüre ich eine starke Sehnsucht nach ihm. Aber ich weiß auch, dass meine Aufgaben noch nicht erfüllt sind, sonst wäre ich ja schon dort.

Nur manchmal ziehe ich mich dorthin zurück. Besonders nachdem Metatron mir „die ganze Übung" gezeigt hat, weiß ich auch, warum diese Sehnsucht da ist.
Ich lebe dann in meiner eigenen Welt, mag mit niemandem sprechen, sondern einfach sein. Das geht bei mir manchmal recht gut, weil ich als Lehrerin ja Ferien habe und mir dann die Arbeit einteilen kann.

Für meine Familie ist das nicht immer leicht, weil ich nicht wirklich „verfügbar" bin. Besonders in den Zeiten, in denen ich schreibe und channele, aber sie lernen immer besser, mit mir umzugehen, wofür ich ihnen dankbar bin.

Das besondere Geschenk dieser Übung besteht darin, wirklich in den Anfang und ins Ende schauen zu dürfen. Zu erfahren und zu spüren, wie wahre Einheit sich anfühlt.

In dieser Einheit ist alles enthalten, dort kannst du alles abrufen, was du brauchst.

Verstärkung
Einladung an die Geistige Welt

Du weißt ja, dass die Wesenheiten nur in Kontakt mit uns treten, wenn wir sie dazu einladen.

Das gibt uns immer wieder auch die Sicherheit, dass nichts passiert, was wir bewusst nicht wollen, und wir sozusagen das Ruder in der Hand haben.

Ich habe schon vor einigen Jahren ein Abkommen mit der Geistigen Welt geschlossen, indem ich ihr die Erlaubnis gab, jederzeit mit mir in Kontakt zu treten.

Das hat den Vorteil, dass ich Hinweise oft während einer Arbeit oder Sitzung mit Klienten erhalte. Oder ich nehme bewusst Dinge wahr, weil da jemand ist, der mich an die Hand nimmt und mich führt. Natürlich kannst du sagen, wir werden ohnehin alle geführt. Das ist eine feine Art der Führung, ich bezeichne sie oft als Lenkung, die ich brauche, weil ich eben manche Dinge nicht gleich sehe. Der Unterschied ist der, dass die Wesenheiten dann jederzeit auch ihre Botschaften durchgeben.

Trotzdem weiß ich, dass ich zu jedem Zeitpunkt STOPP sagen darf und kann.

Ich will mich auch nicht ständig mit allem konfrontieren, obwohl ich weiß, dass die Dinge wieder zu mir kommen, wenn ich sie nicht sofort anschaue.

Ich sage dann oft: „Freunde, jetzt hätte ich es gerne etwas langsamer!" Und das wirkt. Meistens dauert es sowieso nicht lange, und ich freue mich wieder auf neue Erfahrungen. Dann bitte ich wieder darum.

Ich biete dir hier eine kurze Einstimmung an, in der du die Geistige Welt einladen kannst, ständig mit dir in Kontakt kommen zu dürfen.

Gehe in deine Entspannung und wähle dazu einen für dich passenden Ort.

Rufe deinen Geistführer und alle Meister und Wesenheiten, die du dabei haben möchtest.

Lass einen Lichtkreis um dich entstehen und verstärke diesen Platz mit der Energie aus deinem Herzen.

Schließe deine Augen und fühle tief in dich hinein.

Bist du bereit, der Geistigen Welt die Erlaubnis zu geben, jederzeit mit dir in Kontakt zu treten?
Dann formuliere deine Einladung mit deinen eigenen Worten.

Tue es feierlich, indem du dich in die Mitte stellst, die Wesenheiten, die du kennst, mit Namen begrüßt und dich auch vor allen anderen verneigst, deren Namen du noch nicht kennst.

Verbinde dich auch mit der Lichtenergie aus der Quelle, mit Gott und lade ihn ein, deine Inkarnationen und Prozesse in dieser Weise zu unterstützen.

Nimm wahr, wie viele Wesenheiten bereits in deinen Lichtkreis gekommen sind, um dir ihre Hilfe anzubieten.

Lass ihre Energien der Freude über deinen Entschluss zu dir fließen und genieße diese Übertragung.

Bedanke dich dann und ziehe dein Wesen in deinen irdischen Körper zurück.

Erde dich bewusst und komme langsam wieder hierher zurück.

Wenn du jetzt das Gefühl hast, diese Übung überfordert dich, weil du nicht weißt, ob dir das nicht zuviel auf einmal ist, kannst du deine Erlaubnis ja erst einmal nur deinem Geistführer geben. Mit ihm bist du bestens vertraut, und seine Energie kennst du.

Nach und nach kannst du den Kreis der Lichtwesen erweitern, bis du eine umfassende Erlaubnis erteilst.

Wie oben schon erwähnt, kannst du jederzeit eine Pause einlegen.

Nachwort

Die Arbeiten in diesem Buch habe ich alle zuerst an mir selbst ausprobiert. Auch haben liebe Freunde sich bereit erklärt, die Einweihungen für mich zu „testen".

Gehe behutsam mir dir um und wähle intuitiv, welches Hilfsmittel du verwenden willst.

Vertraue auf deine Gabe, das Richtige zum richtigen Zeitpunkt zu bekommen.

Führe die Übungen so durch, wie sie für dich stimmig sind, und lass dich dabei von der Geistigen Welt leiten und führen.

Freue dich über jede deiner Erfahrungen, und vielleicht hast du ja schon begonnen, ein kleines Tagebuch zu schreiben, so, wie ich es dir anfangs empfohlen habe.

Ich führe im Moment eins, indem ich mir jeden Tag eine Karte aus dem Schamanischen Tarot ziehe und um die Energie für diesen Tag bitte.

Es ist wirklich erstaunlich, was man mit solchen Hilfen alles bewirken kann.

Manchmal verändert sich die Grundstimmung völlig, wenn man weiß, welche Energie für einen Tag wichtig ist.

Es kann auch sein, dass die Geistwesen mir die Karten in die Hand geben, oder?

Probiere es einfach aus, finde deinen Weg, mit ihnen in Kontakt zu kommen, über Karten, Farben, Töne, oder...

Ich wünsche dir, dass du in diesem Buch etwas findest, das dich auf deinem Weg zurück ins Licht, und damit in die Dunkelheit und Einheit begleitet.

In tiefer Verbundenheit,
Margit Steiner

Ich freue mich über deine Rückmeldungen
und Anregungen unter:
margit@emotional-healing.at

Postadresse:
Margit Steiner
Diepersdorf 57
A-4552 Wartberg/Krems

Mehr über mich und meine Arbeit unter:
www.emotional-healing.at

Margit Steiner
Lady Nada - Aktivierung der inneren Heilkraft
Rituale für den Alltag
104 Seiten, A5, gebunden, mit Lesebändchen
ISBN 978-3-938489-71-0

Lady Nada, Meisterin der Lebensfreude und Hingabe, hilft uns, unsere tiefe, innere Weiblichkeit zu erkennen und zu unserer inneren Urkraft zu gelangen, damit das Bild der inneren, heilen Frau, die wir gerne sein möchten, Teil unserer Persönlichkeit werden kann. Durch die Verankerung dieses vollkommenen Wesens tief in unserem Herzen legen wir den Grundstein zu einem glücklichen und erfüllten Leben.
Einfache Rituale (auch für Kinder), Meditationen und Übungen, die die Autorin alle selbst im Alltag ausprobiert hat, helfen uns, mit Leichtigkeit aus den Mustern und Erfahrungen unserer Vergangenheit auszusteigen.

Margit Steiner
Meisterarbeit aus Lemurien
Symbole und Einweihungen
128 Seiten, gebunden, mit Lesebändchen
ISBN 978-3-938489-20-8

Bei dieser Methode, die ihren Ursprung in Lemurien hat, wird unser Chakrensystem feinstofflicher und seine Energie in Kristalllicht-Energie umgewandelt. Damit erschaffen wir unseren Lichtkörper und verankern dieses neue Muster tief in unserem Herzen, wo es dann in einem für jeden angemessenen Tempo zur Wirklichkeit wird und wir zu dem werden, was wir letztendlich sind: Reine Lichtwesen. Durch die Anbindung an das Christusgitter und den Erdheilungsprozess werden diese Energien auch an diejenigen weitergegeben, die wir erreichen dürfen. Ein sehr wirkungsvolles Arbeitsbuch, und dennoch ohne aufwändige tägliche Übungen und komplizierte Anweisungen.

Ava Minatti
Avalon und der Artusweg
Altes Wissen für die Neue Zeit
376 Seiten, gebunden, mit Leseband
ISBN 978-3-938489-93-2

Hörst du den Ruf? Siehst du, dass sich die Nebel zu lichten begonnen haben? Und es Zeit geworden ist, nach Hause zurückzukehren? Zurück nach Avalon? Avalon ist ein Symbol für die Fünfte Dimension. Der Artusweg bezeichnet den Weg dorthin. Beides ist untrennbar miteinander verwoben. Die Legenden um den Heiligen Gral, die Tafelrunde, König Artus, die magische Apfelinsel, Morgana und Merlin haben auch heute nichts an Aktualität und Gültigkeit verloren. Hier übermitteln diese dir das alte Wissen, damit du es im Hier und Jetzt integrieren und leben kannst. Erlebe eine intensive Reise zu dir selbst, zu deinen Wurzeln, zu deinem wahren Wesen. Das Licht, die Liebe und die Weisheit von Avalon heißen dich willkommen. Du wirst erwartet. Sei gesegnet!

Eva-Maria Ammon
Delfin-Kristallpalast-Ermächtigung
Arbeitsbuch zur Selbsteinweihung
240 Seiten, gebunden, mit Leseband
ISBN 978-3-938489-92-5

Herzlich Willkommen zu den wundervollen Einweihungen in die Delfin-Kristallpalast-Ermächtigung aus und in Lemuria. Jede einzelne Einweihung führt dich tief in deine inneren, lichtvollen Welten und an dein tiefstes Kraftpotenzial. Mit jeder weiteren Einweihung wirst du tiefer mit der leichten und kraftvollen Energie der Delfine, Walwesen, Feen und Elfen der Meere verbunden und vertrauter mit den Ebenen des Siriussystems, von dem wir einst unsere erste Reise zur Erde antraten.
Erhebe dich in deine Kristallpalastermächtigung und bereite den Weg, damit Lemuria auf Erden und in jedem Menschen in die Heimat zurückkehren kann.

Paulette M. Reymond
Ashtar Sheran
Willkommen in der Kosmischen Familie
200 Seiten, broschiert, ISBN 978-3-938489-97-0

„Ich, Ashtar Sheran, bin mit dem Kosmos seit Anbeginn der Zeit in Liebe stark verbunden. Meine Aufgabe ist es, dem Licht seinen Platz einzuräumen und die Erde und ihre Menschen in den Aufstieg in die Fünfte Dimension zu führen. Nehmt Kontakt auf zu euren Sternengeschwistern. Sprengt eure Begrenzungen und nehmt euer multidimensionales Erbe an! Wir sind alle miteinander verbunden und verwoben und kreieren gemeinsam den neuen Himmel und die neue Erde. Jedes Wesen ist in diesen großartigen Reigen eingebunden und leistet das seine für das Ganze. Ihr seid also Schöpfergötter im Einsatz! Die Liebe ist die Quintessenz der ganzen Schöpfung. Denn wäre die Liebe nicht, würde sich der Kosmos auflösen!"

Sabine Skala
DNA – die lichtvolle Spirale in uns
Kosmische Informationen der Galaktischen Förderation
152 Seiten, broschiert
ISBN 978-3-938489-94-9

Die Galaktische Föderation übermittelt uns wichtiges Wissen über unsere energetische DNA und erklärt uns das Zusammenspiel zwischen der DNA, unserer Seele, unserem Körper, der göttlichen Quelle und der Außenwelt. Wie wirken äußere Faktoren auf unsere DNA, und welchen Einfluss haben sie auf unser Leben? Was passiert mit Informationen, die wir empfangen? Wie wirken sich zwischenmenschliche Beziehungen auf unsere DNA und unser Sein aus? Wie können wir unsere DNA stärken? Der Galaktischen Föderation ist es sehr wichtig, dass wir mehr über uns wissen, achtsamer mit uns und unserer Umwelt umgehen und uns bewusst werden, welchen äußeren Einflüssen wir ausgesetzt sind.